Krzysztof Trębski

Ardere senza consumarsi

Krzysztof Trębski

Ardere senza consumarsi

Il burnout nelle professioni di aiuto

Edizioni Sant'Antonio

Imprint
Any brand names and product names mentioned in this book are subject to trademark, brand or patent protection and are trademarks or registered trademarks of their respective holders. The use of brand names, product names, common names, trade names, product descriptions etc. even without a particular marking in this work is in no way to be construed to mean that such names may be regarded as unrestricted in respect of trademark and brand protection legislation and could thus be used by anyone.

Cover image: www.ingimage.com

Publisher:
Edizioni Accademiche Italiane
is a trademark of
International Book Market Service Ltd., member of OmniScriptum Publishing Group
17 Meldrum Street, Beau Bassin 71504, Mauritius

Printed at: see last page
ISBN: 978-613-8-39189-0

Indice

Introduzione

Il termine inglese *burnout*, che letteralmente vuol dire "bruciarsi", si riferisce a un tipo di esaurimento emotivo e professionale che tocca tutta la persona in modi e gradi diversi: fisicamente, intellettualmente, spiritualmente. È una sindrome che colpisce con frequenza sempre maggiore coloro che operano nelle professioni di aiuto (le *helping professions*), professioni in cui il rapporto con l'altro è intenso e impegnativo. I professionisti a rischio di *burnout* sono quelli che devono aiutare giorno dopo giorno gente che soffre per i più svariati problemi e che si aspetta di trovare sempre disponibilità, interesse e premure; quelli che sono in rapporto con persone che continuamente domandano e che non potranno mai essere pienamente soddisfatte.

A cascarci dentro sono spesso quelli partiti con gli ideali più alti, che lavorano con più entusiasmo. Si sentono man mano sopraffatti dai problemi che non riescono a risolvere, dalle emozioni che bruciano, mentre il supporto umano esterno viene meno. Dopo il primo periodo di un autentico e profondo coinvolgimento, si rende sempre più evidente un continuo squilibrio tra richieste e risorse, uno scarto incolmabile tra ideale e cruda realtà, tra ciò che è richiesto dalla professione e l'organizzazione concreta di lavoro, tra ciò che le persone chiedono e le reali possibilità di aiutarle, tra attese e risposte.

La sindrome di *burnout* fa sì che, quello che prima aveva particolare valore e sul quale si investiva, perde man mano senso, viene messo in questione o del tutto abbandonato. Motivazioni altruistiche e grandi ideali diventano un ricordo che fa solo soffrire. Lavorare pesa e stanca. Aumentano i conflitti con i colleghi e le tensioni in famiglia. Non mancano disturbi che interessano la salute fisica e mentale. Non è che le soddisfazioni manchino o che i motivi di gioia non ci siano, semplicemente non vengono più colti come tali. Il pessimismo colora in nero la lettura della realtà. Si cercano compensazioni o fughe di vario tipo, delle nicchie per difendere la propria sopravvivenza: zattere di salvataggio che aiutino a stare a galla e che diano almeno l'illusione che non tutto è perduto. Ma sono imbarcazioni fragili che portano alla deriva. Bisogna saper riprendere il timone della barca[1].

Il *burnout*, con la sofferenza che lo accompagna, può essere occasione per riappropriarsi di se stessi e della propria vita, bilanciare il farsi prossimo agli altri con

---

[1] Cfr. SANDRIN L., *Aver cura del malato*, Edizioni Camilliane, Torino 2011, p. 71-72.

il farsi prossimo a se stessi, aver cura di sé, della propria professionalità e delle relazioni con le persone che riescano a dare alla vita una nuova linfa e un senso diverso.

1. Professioni di aiuto e rischio del *burnout*

La sindrome del *burnout* indica una forma particolare di reazione allo stress lavorativo che fa sentire chi ne è colpito senza via d'uscita, "bruciato dentro" e privo di energie. È un malessere tipico delle "professioni d'aiuto" nelle quali non si utilizzano solo competenze tecniche, ma anche abilità sociali ed energie psichiche per soddisfare i bisogni degli utenti, clienti o pazienti. Riguarda spesso medici e infermieri, insegnanti, poliziotti, operatori di ospedali psichiatrici, operatori per l'infanzia, assistenti sociali, *counselor*, psicologi, e altre professioni che rimangono a stretto contatto con un pubblico, come personale di servizio o impiegati negli sportelli aperti al pubblico. Analizzando in profondità queste categorie di professioni d'aiuto, ci si accorge che si tratta di categorie lavorative altamente motivate ad aiutare gli altri, persone fondamentalmente generose e altruiste che, in mancanza di risposte di gratitudine o di apprezzamento da parte dell'utenza, non riuscendo a elaborare la frustrazione naturale che da questo tipo di lavoro deriva, né prendendosi adeguatamente cura dei propri bisogni, finiscono per cadere in uno stato di insoddisfazione lavorativa, tensione e ansietà, apatia e depressione, che può arrivare fino al desiderio di cambiare professione.

Le aspettative che hanno aspiranti operatori nei confronti del futuro impiego sono legate all'immagine sociale di una professione, alle informazioni realistiche che la riguardano, all'appetibilità sul mercato del lavoro, ai livelli di remunerazione, alle possibilità di carriera.

Le professioni d'aiuto, nell'immaginario comune d'inizio del XXI secolo, non sembrano corrispondere ai suddetti requisiti. Corrispondono piuttosto alle caratteristiche di un lavoro servile, degno di persone poco qualificate e con le scarse aspirazioni personali. Sono legate all'immagine sociale evanescente o dequalificata, se non negativa, basse remunerazioni, progressivo rifiuto del mercato del lavoro e quasi nessuna possibilità di carriera.

Sembra però che queste considerazioni, che mettono in evidenza il lato negativo del mestiere, non tengano conto del costante aumento degli aspiranti delle professioni dell'aiuto. La spiegazione probabilmente si può trovare nelle motivazioni psicologiche, cioè nei bisogni profondi di chi desidera diventare professionista dell'aiuto.

La prima motivazione riguarda il fatto che chi sceglie questa professione ha un forte bisogno di aiutare. Aver bisogno di aiutare significa anzitutto mettersi al di qua della soglia del bisogno di essere aiutati. Essere preposti alla cura dei malati significa postulare la propria salute come inattaccabile. Svolgere le mansioni educative significa aver potere di plasmare la vita degli altri con le proprie esperienze e idee, confermando in tal senso la loro validità. Dedicarsi alla psicoterapia implica una certificazione permanente di salute mentale. Assistere una persona in stato di bisogno offusca la consapevolezza del proprio bisogno e della propria transitorietà.

La seconda motivazione è legata alla prima. Porsi in un ruolo di bonificatore, benefattore, salvatore, non solo esorcizza la paura del male esterno, ma garantisce una buona immagine di sé. Chi dedica la vita agli altri, non può che essere buono, chi lavora per l'aiuto, chi lotta contro il male in teoria non potrebbe mai commetterne.

La terza motivazione riguarda il potere. Chi ha bisogno di aiuto è sempre in stato di inferiorità, posseduto dal male e da esso depotenziato, come un bambino cattivo o malato. Il professionista dell'aiuto si pone come "madre accogliente" e "padre onnipotente". Egli può fare da contenitore di ogni male.

Da queste tre riflessioni emerge un immaginario dell'aspirante professionista che si fonda su tre pilastri: la salute, la bontà e il potere. Naturalmente queste motivazioni sono legittime, come tante altre, e possono essere utili alla professione, ove siano consapevoli e controllate. Il fatto è che spesso non lo sono affatto. La non consapevolezza e l'assenza di controllo di questi bisogni profondi si trasformano facilmente in una serie di vissuti molto dannosi per l'operatore e per l'utente.

L'incontro con il bisogno, il disagio, il dolore o la morte attacca l'immagine del potente salvatore e produce depressione e sentimenti di impotenza. L'impossibilità ad aiutare facilita l'insorgenza del dubbio circa la propria bontà. Questo groviglio di situazioni con forte carico emotivo spesso logora l'operatore, che è partito da una enorme idealizzazione della professione, e lentamente lo portano alla frustrazione prima, e al *burnout* poi.

Un altro problema relativo al lavoro è quello che riguarda retribuzioni e carriera. Il lavoro sociale non è gratificante per il primo aspetto, né per il secondo. Può sembrare paradossale, ma retribuzione e carriera, prestigio e potere sono inversamente proporzionali alla vicinanza con i soggetti bisognosi d'aiuto (forse con l'eccezione dei medici chirurghi, odontoiatri e professionisti di altissimo livello). Il medico di guardia guadagna meno del primario che guadagna meno dell'accademico. L'educatore di un servizio territoriale che vede ogni giorno l'utente, guadagna meno dell'assistente sociale che lo vede una volta al mese, che guadagna meno del capo-servizio che lo vede una volta l'anno. Sembra che l'unica possibilità di carriera, nel settore dell'aiuto, consista nell'allontanarsi dall'aiuto stesso. La continuativa vicinanza all'utente va inoltre di pari passo, per i ruoli di frontiera, con la diminuzione delle opportunità di ricerca e formazione permanente.

Una seria prevenzione del *burnout* dovrebbe compensare con maggiori retribuzioni gli operatori front-line, offrendo loro maggiore potere e maggiore libertà. Non essendo questo possibile per motivi economici, occorre allora trovare sistemi compensatori come la formazione e la supervisione permanenti, l'istituzione dell'anno sabbatico, il coinvolgimento attivo in attività di ricerca e di confronto professionale e scientifico, la possibilità di carriere orizzontali (spostamenti premio, sia pure temporanei, in servizi più gratificanti), l'uso di strumenti di incentivazione legati alla qualità delle prestazioni.

Un altro elemento specifico che facilita ulteriormente il *burnout* è la difficoltà di verificare e valutare i risultati. In un'impresa profit, sia materiale che immateriale, il risultato è il profitto. In un sistema d'aiuto il risultato è il benessere, che difficilmente è paragonabile con altre categorie di risultati ottenuti. Mentre il primo è facilmente quantificabile, il secondo non lo è affatto. Chi lavora in un'impresa profit dispone di parametri di conferma o disconferma della propria prestazione, abbastanza chiari e di facile applicazione. Chi lavora in un sistema d'aiuto, lavora al buio, in un regime di risultati invisibili e di responsabilità distribuite. La carenza di confronto individuale con i risultati delle proprie azioni produce d'incertezza continua.

Inoltre, è da considerare il fatto che tuttora l'impegno degli operatori delle "*helping professions*" non è percepito da tutti gli utenti come un vero e proprio mestiere, ma piuttosto una vocazione, un atto di solidarietà, una strada per la santificazione personale. Ancora oggi questo tipo di lavoro, così impegnativo e di grande responsabilità, è legato a un'ideologia assistenziale per la quale non è altro che una forma, indebitamente retribuita, di beneficenza. Spesso è visto come una specie di "missione samaritana per salvare il mondo dai suoi mali". L'utente non è un cliente, ma qualcuno a cui viene fornito un aiuto dovuto e doveroso. Le conseguenze di questa ideologia, che è ancora molto diffusa a livello sociale ed emotivo, toccano gli utenti, gli operatori e le organizzazioni stesse. In questa mentalità, gli operatori rivestiti da un forte spirito oblativo e salvifico, si sentono collocati automaticamente dalla parte del bene (salute, sapienza, potenza, bontà). Le organizzazioni si considerano indispensabili per il solo fatto di esistere e non hanno alcuna spinta al risultato, che si identifica con l'aiuto prestato. Questo crea una spinta per un forte coinvolgimento personale a favore degli utenti bisognosi di aiuto, che spesso mette in secondo piano le esigenze e i bisogni degli operatori stessi.

Osservando i danni provocati dalla sindrome da *burnout*, è impossibile non notare che si tratta di una sofferenza individuale, che però rivela le inadeguatezze organizzative e socioeconomiche che fanno perdere di vista qualsiasi bisogno degli "addetti ai lavori". Ovviamente questi problemi, prima o poi, si ripercuotono anche nella vita privata della persona consumata da *burnout*, vista anche la sovrapposizione sempre più forte tra vita lavorativa e famigliare: da essa deriva una scarsa energia vitale in generale, mancanza di desiderio sessuale, stanchezza cronica, ossessivo desiderio di parlare di lavoro, disinteresse nei confronti del partner, dei figli, dei famigliari e amici. Così apparentemente, un piccolo "esaurimento lavorativo", può diventare un evento distruttivo della portata di uno tsunami.

2. *Burnout* o sindrome da *burnout*

L'espressione *burnout* (che letteralmente tradotta dall'inglese significa "bruciato" o "incenerito", e in maniera più ampia: cortocircuitato, scoppiato o esaurito) compare per la prima volta negli anni trenta del XX secolo, nel gergo sportivo, per indicare il fenomeno per il quale un atleta, dopo alcuni anni di successi, si esaurisce, si brucia, non riuscendo più a ripetersi dal punto di vista agonistico. La trasposizione terminologica in ambito lavorativo avviene negli anni settanta, quando comincia a svilupparsi la letteratura specifica sulle malattie delle professioni d'aiuto[2].

Christina Maslach docente di psicologia all'università di Berkeley, California, oltre ad aver scritto numerose pubblicazioni sull'argomento, ha ideato il Maslach *Burnout* Inventory, lo strumento più accreditato e usato in materia. Nell'agosto del '73, durante il convegno annuale dell'American Psychological Association (APA)[3], tenutosi a Montreal, la Maslach ha definito il *burnout* "come una sindrome da esaurimento emotivo, da spersonalizzazione e riduzione delle capacità personali che può presentarsi in soggetti che per professione si occupano della gente" e "una reazione alla tensione emotiva cronica creata dal contatto continuo con altri esseri umani, in particolare quando essi hanno problemi o motivi di sofferenza".

Cominciando dal 1976 la Maslach ha lavorato sul "Maslach *Burnout* Inventory", perfezionato nel 1986 in collaborazione con Jackson[4]. Il test, tramite tre sottoscale (EE, esaurimento emotivo; DP, depersonalizzazione; PA, realizzazione personale), misura lo stress causato da continui rapporti con il cliente utente di un servizio.

Partendo da queste considerazioni possiamo affermare che il *burnout* è una sindrome accompagnata da esaurimento emozionale, spersonalizzazione, riduzione

---

[2] Nel 1970 Menzies mise in risalto il legame tra dinamiche organizzative e meccanismi di difesa contro eventi angoscianti nel lavoro infermieristico. Cfr. MENZIES I., *The functon of social system as a defence against anxiety*, Tavistock Institute, London 1970. Nel 1974, il termine *burnout* viene usato da Freudenberger per indicare l'esaurimento fisico ed emotivo sperimentato dagli operatori di una istituzione psichiatrica. Le sue componenti costituirebbero la fase finale di un processo difensivo-reattivo verso condizioni di lavoro vissute come difficili e insoddisfacenti. Cfr. FREUDENBERGER, H.J., *Staff burn-out*, in: "Journal of Social Issues" 30 (1) 1974, pp. 159-165.

[3] MASLACH C., *Detached concern. In health and social service professions*, Convegno annuale della American Psychological Association (APA), Montreal 1973.

[4] MASLACH C., JACKSON S.E., *MBI: Maslach Burnout Inventory*. Consulting Psychologists Press, Palo Alto 1986.

delle capacità professionali, e mancata realizzazione personale (che riguarda la caduta della stima di sé, con senso di inadeguatezza a svolgere i propri impegni).

Le cause sono riconducibili a:

- fattori individuali legati alla personalità del soggetto (motivazioni, aspettative, bisogni, ecc.);
- fattori oggettivi determinati dall'attività svolta (relativi al ruolo, all'organizzazione, alle relazioni);
- fattori socio-culturali (relativi al contesto in cui l'individuo realizza il suo ruolo). Sono legati a eccessivo impegno, non consapevolezza dei propri limiti, mancato riconoscimento, confusione tra vita lavorativa e quella privata, assenza di supporto, non realizzazione delle aspettative personali.

Il nucleo del *burnout* è uno schema di sovraccarico emotivo seguito dall'esaurimento psichico che riguarda spesso le persone che per mestiere si occupano degli altri e traspare con una serie di sintomi quali somatizzazioni, apatia, eccessiva stanchezza, risentimento e distacco[5].

Il *burnout* o sindrome da *burnout* è un processo stressogeno legato principalmente, ma non esclusivamente, alle professioni d'aiuto - *helping professions* – che prevedono l'instaurarsi di una relazione con la persona aiutata all'interno della sfera sociale, psicologica, educativa, spirituale, ecc. Si parla quindi di medici, infermieri, psicologi, psichiatri, assistenti sociali, insegnanti, assistenti spirituali ospedalieri, ecc. Queste figure sono caricate da una duplice fonte di stress: il loro stress personale e quello della persona aiutata. Se questo stress non è correttamente gestito, le persone in questione cominciano a sviluppare un lento processo di "logoramento" o "decadenza" psicofisica dovuta alla mancanza di energie e di capacità per sostenere e scaricare lo stress accumulato.

[5] Secondo Edelwich e Brodsky, l'entrata di cortocircuito del *burnout* corrisponde a una progressiva perdita di idealismo, energia e scopi, vissuta da operatori delle professioni d'aiuto, professionali e non, come risultato delle condizioni in cui lavorano. Cfr. EDELWICH J., BRODSKY A., *Burn-out: Stages of disillusionment in the helping professions*, Human Sciences Pres, New York 1980.

3. Evoluzione del concetto di *burnout*

Il *burnout* è quindi il "non farcela più", l'insoddisfazione e l'irritazione quotidiana, la prostrazione e lo svuotamento, il senso di delusione e di impotenza di molti lavoratori, in particolare di quelli che operano all'interno delle cosiddette professioni di aiuto, ossia di attività nelle quali il rapporto con l'utente/cliente ha un'importanza fondamentale in termini di significato e di lavoro in sé. Tutte le professioni di aiuto implicano un intenso coinvolgimento emotivo: l'interazione tra operatore e utente è centrata sui problemi contingenti di quest'ultimo (psicologici, sociali o fisici) ed è perciò spesso gravata da sensazioni d'ansia, imbarazzo, paura o disperazione. Poiché non sempre la soluzione dei problemi dell'utente è semplice o facilmente ottenibile, la situazione diventa ancora più ambigua e frustrante e lo stress cronico può logorare emotivamente l'operatore e condurlo al *burnout*.

Pur essendoci definizioni diverse della sindrome da *burnout,* gli autori concordano nel considerarlo non un evento, ma un processo che si sviluppa diversamente a seconda delle peculiarità soggettive e del contesto sociale.

La sindrome da *burnout* nel personale della sanità, considerata anche la rilevanza sociale del fenomeno, sta riscontrando un notevole interesse da parte della letteratura psicologica e psichiatrica. Gli effetti dello stress lavorativo sulle condizioni di salute dell'operatore sanitario e i conseguenti rischi di *burnout* coinvolgono numerosi fattori che si sviluppano diversamente in ogni individuo e/o in ciascuna categoria professionale. L'azione patogena degli *stressors* protratti nel tempo, argomento su cui è ormai disponibile un'ampia casistica sperimentale e clinica, anche se originariamente ristretti all'ambito lavorativo, può determinare reazioni disadattative che si estendono alla sfera extra lavorativa fino a favorire l'insorgenza di quadri nevrotici o depressivi. Risulta confermata, anche a livelli subclinici, l'ipotesi di una corrispondenza fra grado di *burnout* lavorativo e manifestazioni sintomatologiche di ansia, in particolare con le sue espressioni somatiche e con le modificazioni del tono dell'umore in senso depressivo, quali indicatori di un disagio lavorativo che tende a coinvolgere aspetti più generali della personalità dell'operatore sanitario. Tale esito sembra essere molto frequente quando l'operatore percepisce una forte discrepanza fra aspirazioni di carriera e performance effettiva.

Pines, Aronson e Kafry[6] parlano di *burnout* come di uno stato di esaurimento fisico, emotivo e mentale. Sostengono che coloro che si occupano delle professioni di aiuto siano più soggetti a soffrire di *burnout* a causa del loro bisogno innato di ricavare il significato della propria esistenza dal proprio lavoro. In particolare queste persone sono disposte a svolgere professioni di questo genere perché sono motivate dal desiderio di lavorare con le persone e di fornire un contributo significativo alle loro vite. Coloro che lavorano nel settore dei servizi alla persona sembra che inizialmente possiedano un'aspettativa molto elevata riguardo a quello che accadrà quando si troveranno ad aiutare gli altri, aspettativa che potrebbe rappresentare una forma di *burnout* potenziale, se gli ideali rimarranno irrealizzati e le aspirazioni insoddisfatte.

Edelwich e Brodsky[7] parlano di "cortocircuito" come una progressiva perdita dell'idealismo e di energia vissuta dagli operatori sociali e professionali.

È nel 1986 che Maslach e Jackson[8] definiscono il *burnout* come una sindrome caratterizzata da esaurimento emotivo, depersonalizzazione e scarsa realizzazione personale in campo professionale, che può verificarsi tra gli individui che lavorano a contatto con altre persone. Attualmente, infatti, c'è un ampio consenso riguardo queste tre dimensioni principali che caratterizzano l'esperienza del *burnout*.

Orlowski e Gulladge[9], tra le conseguenze della sindrome da *burnout* descrivono alterazioni emozionali e comportamentali, psicosomatiche e sociali, perdita dell'efficacia lavorativa e alterazioni della vita familiare. Inoltre, tra gli operatori sanitari che ne soffrono, si osserva l'alto livello di assenteismo lavorativo, tanto per problemi di salute fisica quanto psicologica, essendo frequente l'apparizione di situazioni depressive fino all'autoprescrizione incongrua di psicofarmaci e aumento del consumo di tossici, alcool e altre droghe.

---

[6] PINES A. M., ARONSON E., KAFRY D., *Burnout: From Tedium to Personal Growth*, The Free Press, New York 1981.

[7] EDELWHICH J., BRODSKY A., *Burn-Out: Stages of Disillusionment in the Helping Professions*, Human Sciences Press, New York 1980.

[8] MASLACH C., JACKSON S. E., *Maslach burnout inventory manual* (2nd ed.), Consulting Psychologists Press, Palo Alto 1986.

[9] ORLOWSKI J.P., GULLEDGE A.D., Critical care stress and *burnout*, in "Journal of Critical Care Clinic", 2 (1) 1986, pp. 173-181.

Sarros e Densten[10] indicarono il *burnout* come un meccanismo di *coping* disadattivo per affrontare condizioni di lavoro stressanti, eccessive richieste, e mancanza di sufficienti riconoscimenti.

Hobfoll e Freedy[11] proposero la teoria della Conservazione delle Risorse, secondo cui le persone lottano pur di raggiungere quegli obiettivi che per loro hanno valore, le cosiddette risorse. Alcuni esempi di queste risorse sul lavoro sono la sicurezza, il denaro, il sostegno e una carriera di successo. Le situazioni stressanti si verificano quando le risorse sono minacciate da alcune "richieste" (come i carichi eccessivi di lavoro), quando le risorse sono perse, e quando i livelli di guadagno non corrispondono agli investimenti delle risorse. Gli autori hanno applicato questa teoria al *burnout*, ipotizzando che le richieste lavorative costituissero una minaccia alle risorse della persona e questo alla fine avrebbe condotto a un esaurimento fisico ed emotivo. D'altra parte i ricercatori sostenevano che le risorse aiutavano a superare il bisogno di *coping* difensivo e a migliorare l'autoefficacia contrastando l'emergere del *burnout*.

Leiter[12], seguendo un simile ragionamento, ha constatato nel suo modello di *burnout* che le risorse e le richieste lavorative sono diversamente legate alle tre dimensioni del *burnout*. I riscontri di Leiter sono stati che le richieste lavorative (come ad esempio carichi eccessivi di lavoro e conflitti interpersonali) fossero principalmente legate all'esaurimento emotivo, mentre le risorse (come il supporto dei supervisori e dei colleghi, e l'autonomia nel lavoro) fossero più fortemente legate alla depersonalizzazione e ad una riduzione della realizzazione personale.

---

[10] SARROS J.C. DENSTEN I.L., *Undergraduate student stress and coping strategies*, in "Higher Education Research and Development", 8 (1) 1989, pp. 47–57.

[11] HOBFOLL S.E., FREEDY J., *Conservation of resources A general stress theory applied to burnout*, in SCHAUFELI W.B., MASLACH, C. MAREK T. (eds.), *Professional Burnout Recent Developments in Theory and Research*, Taylor & Francis, Washington 1993.

[12] LEITER M. P., *Burnout as a developmental process: Consideration of models*, in SCHAUFELI W. B., MASLACH C., MAREK T. (eds.), *Professional burnout: Recent developments in theory and research*, Taylor & Francis, Washington 1993, pp. 237-250.

4. Aspetti epidemiologici del *burnout*

Nella letteratura che tratta il fenomeno di *burnout*, si valuta diversi aspetti epidemiologici e pur senza un consenso unanime, si riscontra un determinato livello di coincidenza per alcune variabili tra cui: età, sesso, stato civile, turnazione lavorativa, anzianità professionale e sovraccarico lavorativo. Precisiamo questi aspetti con brevi commenti:

- **Età:** pare esista un periodo di sensibilizzazione in quanto, durante i primi anni di carriera professionale, il soggetto sarebbe maggiormente vulnerabile. Alcuni studiosi di *burnout* sostengono che l'età avanzata costituisca uno dei principali fattori di rischio, mentre altri ritengono invece che i sintomi di *burnout* siano più frequenti nei giovani, le cui aspettative sono deluse e stroncate dalla rigidezza delle organizzazioni lavorative.
- **Sesso**: le donne, rispetto agli uomini, risultano più vulnerabili. Ciò è dovuto a vari motivi, come il doppio carico di lavoro (professionale e famigliare) a cui sono sottoposte, e l'espletamento di determinate specialità professionali più tipicamente femminili.
- **Stato civile**: gioca un ruolo importante in quanto la sindrome sembra maggiormente presente nelle persone che non hanno un compagno stabile. L'esistenza di figli fa sì che queste persone siano più resistenti alla sindrome.
- **Turnazione lavorativa**: la turnazione e l'orario lavorativo possono favorire l'insorgenza della sindrome; questo avviene più frequentemente nel personale infermieristico, essendo questo più soggetto a un dispendio di energie psicofisiche, rispetto al personale medico.
- **Anzianità professionale**: alcuni studiosi del fenomeno hanno trovato una relazione positiva tra la sindrome e l'anzianità professionale, altri hanno evidenziato una relazione inversa, individuando nei soggetti con più anni lavorativi un minor livello di associazione con la sindrome.
- **Sovraccarico lavorativo**: è sicura invece la relazione tra *burnout* e sovraccarico lavorativo nei professionisti di *helping professions*, in quanto questo fattore produrrebbe una diminuzione, sia qualitativa che quantitativa delle prestazioni offerte da questi lavoratori.

Per coloro che incontrano le persone colpite dalla sindrome di "*burnout*", anche a prima vista, esse appaiono stanche, logorate, svogliate, frustrate e intrattabili perché:

1. non sono capaci di smaltire gli stress dipendenti dal lavoro quotidiano col riposo ordinario;
2. presentano il danneggiamento di alcuni comportamenti vitali (risveglio, alimentazione, studio, lavoro, rapporti con il mondo esterno);
3. non hanno più la gioia, l'entusiasmo e le emozioni che li hanno portati a scegliere il proprio lavoro;
4. non gradiscono l'incontro con i colleghi di lavoro, con i dirigenti o i rappresentanti dell'organizzazione lavorativa, né con il pubblico;
5. sul posto di lavoro pretendono di svolgere arbitrariamente soltanto determinati ruoli e secondo tempi e ritmi autodeterminati;
6. reagiscono in maniera sproporzionata e minacciosa, se richiamati dai superiori;
7. nei confronti dei dipendenti o del pubblico agiscono in maniera inopportuna e spesso offensiva;
8. tentano di sfuggire agli obblighi lavorativi con assenze continue e protratte oltre il necessario;
9. non desiderano incontrare parenti e amici; non coltivano le relazioni professionali e sociali;
10. non nutrono interessi per la lettura, lo spettacolo; non coltivano interessi scientifici, ludici, spirituali, artistici;
11. non curano la propria persona fisica (abbigliamento, alimentazione, estetica corporea, igiene respiratoria, prevenzione delle malattie), pertanto incorrono frequentemente nelle difficoltà di adattamento agli standard richiesti;
12. non curano il loro ambiente vitale (arredamento, giardinaggio, rivestimenti degli immobili);
13. non effettuano spostamenti, escursioni, viaggi;
14. non investono le risorse economiche;
15. si dichiarano distrutti dal lavoro, sfruttati e non adeguatamente apprezzati;

16. desiderano riparare gli errori con una super prestazione lavorativa (che rimane pura promessa), e nei casi più gravi fantasticano cattiverie e ritorsioni, per cui soffrono anche di sensi di colpa.

5. Fasi evolutive del *burnout*

Edelwich e Brodsky[13] definiscono il *burnout* come una progressiva perdita di idealismo, energia e obiettivi nei confronti del lavoro, vissuta dagli operatori sanitari e sociali come risultato delle condizioni in cui lavorano. Secondo questi autori, la sindrome da *burnout* generalmente si evolve in 4 fasi e, dopo l'iniziale periodo di entusiasmo lavorativo, mette in atto le strategie della difesa dalla frustrazione che passa attraverso i tentativi di rimedio, il senso dell'inutilità degli sforzi, la disillusione, la rabbia, l'indifferenza e l'apatia finale.

Prima Fase, detta anche **"fase di entusiasmo idealistico".**

L'operatore si sente motivato dalla sua scelta di svolgere una professione di aiuto. Riscontra l'apprezzamento costante della propria professionalità da parte degli utenti, dei colleghi e dei superiori. Nutre aspettative entusiastiche riguardo alla struttura dove opera. Si aspetta una formazione permanente a livello eccellente. Ha elevate aspettative di successo professionale immediato, di miglioramento del suo status e di quello dei suoi utenti. In questa fase l'operatore comincia ad entrare in contatto con i bisogni degli utenti e spesso tralascia o trascura i propri bisogni profondi e le proprie motivazioni.

Seconda Fase, detta anche **"fase di pessimismo e stagnazione".**

L'operatore si rende conto di come le sue aspettative non coincidano con la realtà lavorativa. Si accorge che il suo lavoro non lo soddisfa del tutto e i risultati dei suoi sforzi cominciano a non esserci. Si prende coscienza di un salario non più adeguato al proprio onere lavorativo. L'entusiasmo, l'interesse e il senso di gratificazione legati alla professione iniziano a diminuire. Comincia a farsi strada la profonda delusione. In questa fase c'è il passaggio da un iperinvestimento ad un disinvestimento lavorativo. L'operatore, da una precedente immagine di salute, bontà, potere, diventa vittima del dolore, del disagio e dei bisogni, espressi dall'utente.

Terza Fase, detta anche **"fase di isolamento e frustrazione"**, la più critica.

L'operatore comincia a credere di non essere più in grado di aiutare nessuno. Avverte sentimenti di inutilità, di inadeguatezza, di insoddisfazione che riguardano il rapporto operatore-utente, operatore-istituzioni e i rapporti con i colleghi di lavoro. Il

[13] EDELWHICH J., BRODSKY A., *Burn-Out: Stages of Disillusionment in the Helping Professions*, Human Sciences Press, New York 1980.

suo vissuto è di perdita e svuotamento. Spesso si sente sfruttato, sovraccarico di lavoro e poco apprezzato. Inoltre la frustrazione deriva anche dallo scarso apprezzamento che derivano dai superiori o dagli utenti stessi. In questa fase il soggetto frustrato esprime spesso degli atteggiamenti aggressivi verso gli altri o di fuga e ritiro.

Quarta Fase, detta anche **"fase di distacco irreversibile e apatia"**.

È quella del graduale disimpegno affettivo dell'operatore, che si preoccupa esclusivamente di se stesso, staccandosi completamente dall'ambiente e perseguendo solo il proprio benessere economico e personale. Oltre al fatto che l'assistenza diventa più di routine, egli presta meno attenzione ai bisogni umani dell'utente, con conseguenti risposte comportamentali caratterizzate da scortesia, insensibilità, non partecipazione, indifferenza e atteggiamento cinico. Questo lo porta ad una vera e propria "morte professionale" nella quale vengono meno gli ideali, l'autostima, il potenziale personale e la realizzazione sul lavoro.

Matthias Burisch del Dipartimento di Psicologia dell'Università di Amburgo indica le sette fasi distinte della sindrome da *burnout*[14]:

1. fase dei primi segni d'allarme;
2. fase d'impegno ridotto;
3. fase delle reazioni emotive;
4. fase della riduzione delle capacità cognitive;
5. fase dell'appiattimento della vita emotiva e sociale;
6. fase delle reazioni psicosomatiche;
7. fase di depressione e disperazione.

La **prima fase**, caratterizzata dai primi segni d'allarme, si distingue per un maggiore impegno relativo a determinati obiettivi di lavoro, che eventualmente si può manifestare con l'aumento degli impegni straordinari sul posto di lavoro. È possibile che la persona colpita e i suoi famigliari notino i primi sintomi di esaurimento con stanchezza diffusa e con la perdita di motivazione per altre attività. Spesso si

---

[14] BURISCH M., *Das Burnout-Syndrom. Theorie der inneren Erschöpfung*. Springer-Verlag, Berlin-Heidelberg 2010.

riscontrano delle reazioni somatiche sotto forma di sintomi fisici non specifici a carico dell'apparato digerente, una maggiore sudorazione, bocca secca, un lieve mal di testa, vertigini, disturbi del sonno, ecc.

Nella **seconda fase,** caratterizzata da impegno ridotto, nella persona colpita si nota un ritiro dall'ambiente sociale: cerca di esporsi il meno possibile all'influenza altrui, diviene taciturna, mostra i primi atteggiamenti negativi verso il suo lavoro con qualche frase secondaria e spesso appare più egoista e più concentrata sui propri vantaggi. Sembra emotivamente distaccata.

La **terza fase** delle reazioni emotive è contraddistinta da un senso d'inferiorità e di pessimismo. Non di rado la colpa di queste sensazioni viene attribuita agli altri e questo può comportare ulteriori difficoltà interpersonali. Con reazioni di disapprovazione e irritazione, chi è accanto alla persona colpita da questi sintomi, spesso fomenta maggiormente il *burnout* in corso. In tal modo, l'ambiente conferma la percezione negativa che la persona affetta ha di sé, consolidando la sua percezione interiore e accelerando la spirale negativa del processo.

Molto particolare è la **quarta fase**, durante la quale avviene una riduzione dell'efficienza cognitiva che comporta una perdita di motivazione, disturbi della memoria e di concentrazione, un crollo della creatività, una riduzione della flessibilità e della capacità di discernimento della persona affetta. La persona stessa, ma anche l'ambiente circostante, percepisce una mancanza di concentrazione per cui si verificano anche degli errori nell'attività professionale. La spirale negativa viene alimentata e accelerata.

La **quinta fase** è caratterizzata dall'appiattimento della vita emotiva e sociale. Il soggetto appare indifferente, cerca di evitare ogni contatto con gli altri e non è più in grado di immedesimarsi, razionalmente o emotivamente, negli altri. Il risultato è l'apatia emotiva. Un importante segno d'allarme in questa fase è la rinuncia agli hobby e alle attività del tempo libero abituali, cosa che, normalmente, contribuisce a un'ulteriore escalation del processo di *burnout*. In questa fase urge l'aiuto medico-terapeutico.

La **sesta fase** è la fase delle reazioni psicosomatiche. Sebbene sin dalla prima fase si possano osservare delle reazioni psicosomatiche sotto forma di leggeri sintomi vegetativi, è solo nella sesta fase che le reazioni psicosomatiche diventano sintomi dolorosi che dominano la percezione della persona affetta: tensioni muscolari, con dolori quali mal di testa, mal di schiena, dolori articolari e disturbi del sonno di ogni tipo (problemi di insonnia, interruzioni del sonno, risvegli precoci la mattina) sono caratteristici di questa fase. Nel tempo libero, le persone colpite non trovano più riposo e non si ristabiliscono nemmeno facendo una lunga vacanza. Spesso queste persone cambiano anche le abitudini alimentari, per cui una parte di esse prende l'abitudine di mangiare pochissimo e un'altra parte esagera nel mangiare. Molto spesso, nel tentativo di riprendere il controllo e di garantire una certa funzionalità malgrado le sofferenze, le persone affette aumentano anche il loro consumo di alcol e altre droghe.

In tal modo, più o meno fluido, si entra nella **settima fase**: la fase di depressione e disperazione, con un senso di insensatezza, un atteggiamento profondamente negativo con forti paure riguardo al futuro, e una disperazione esistenziale che può comportare idee suicidarie e, nei casi più gravi, anche porre in atto il suicidio. Data la sintomatologia descritta, dal punto di vista psichiatrico si deve diagnosticare e curare, giunti a questa fase, se non già prima, una depressione medio-forte o forte (ICD-10: F32.1–3/33.1–3) ai sensi della classifica internazionale per disturbi psichici.

6. Fattori individuali che coincidono con l'insorgenza del *burnout*

Non esiste una "personalità standard" che in maniera assoluta predisponga il soggetto al *burnout*, ma certamente si possono individuare alcuni fattori che coincidono con l'insorgenza di questa sindrome. Si pensa che, paradossalmente più vulnerabili, siano le persone dinamiche, carismatiche e risolute che si impegnano fino in fondo in tutto quello che fanno, lasciandosi coinvolgere anche intimamente nei loro impegni personali e lavorativi, e quindi bruciando ogni riserva psicofisica. Viceversa C. Maslach[15] scrive che l'individuo a rischio *burnout* manca di fiducia in se stesso, ha scarsa ambizione non ha né obiettivi chiaramente definiti né la dose di decisione e sicurezza necessaria a raggiungerli.

Riguardo al sesso, per esempio, da alcune ricerche risulta che le donne percepiscono più intensamente l'esaurimento emotivo, perché sono coinvolte emozionalmente più degli uomini nelle relazioni con gli utenti, a differenza dei maschi che reagiscono con comportamenti depersonalizzanti. C'è chi sostiene che l'incidenza maggiore è a carico dei primi anni di lavoro perché un ruolo importante lo giocano l'idealismo e le aspettative professionali.

Si è inoltre notato che tra gli operatori con figli il *burnout* è più basso rispetto agli operatori senza figli, questo perché gli operatori con famiglia sono in una fase più matura dello sviluppo psicologico, hanno uno stile di vita più stabile con differenti prospettive future e una maggiore resistenza agli eventi stressogeni. Al contrario, per chi non ha figli, le soddisfazioni personali lavorative spesso diventano talmente importanti, che costituiscono una specie di spia della propria bravura: tutto questo viene meno con l'insorgenza del *burnout*.

È inoltre importante notare che la famiglia riesce ad aiutare le persone a fronteggiare con più efficacia lo stress lavorativo, fornendo una riserva emozionale di aiuto e costituisce un solido supporto, purché le relazioni siano soddisfacenti nel suo interno.

---

[15] MASLACH C., *La sindrome del burnout il prezzo dell'aiuto agli altri*, Cittadella Editrice, Assisi 1992.

7. Principali modelli teorici di *burnout*

7.1 Modello di Maslach

Christina Maslach, già nel 1976, indicava il *burnout* come forma di stress interpersonale[16], che comporta il distacco dall'utente[17], causato dalla continua tensione emotiva del contatto con persone che portano una richiesta di aiuto, precisando inoltre che il *burnout* non colpisce soltanto i soggetti impegnati in specifiche professioni di aiuto, ma tutti coloro che lavorano a stretto contatto con persone per lunghi periodi di tempo.

Confrontando il modello con gli studi precedenti sull'argomento, Maslach e collaboratori rilevano che la depersonalizzazione appare come la dimensione distintiva del *burnout*, ma anche la meno analizzata nelle ricerche sullo stress. Nei vari studi sullo stress sono stati invece più ampiamente considerati gli aspetti dell'esaurimento emotivo e della realizzazione personale, analizzata soprattutto nei termini di autostima e *self-efficacy*. Questo porta a concludere che ciò che rende il *burnout* una sindrome specifica, e distinta dallo stress, non sono tanto le sue cause e le reazioni di tensione o insoddisfazione, quanto i sintomi legati ai rapporti interpersonali che si creano nelle relazioni d'aiuto, come il distacco dagli utenti o l'indifferenza. Secondo il modello di Maslach vanno di conseguenza considerate di primaria importanza le caratteristiche di questa relazione dal punto di vista sia quantitativo, come la frequenza, la durata, il numero degli utenti, sia qualitativo, come l'intimità e la distanza interpersonale, senza infine dimenticare le caratteristiche degli utenti (età, classe sociale e tipo di problematica).

Maslach descrive così le caratteristiche dei soggetti più vulnerabili al *burnout*: deboli, remissivi, con serie difficoltà a tracciare i confini tra sé e gli utenti, incapaci di esercitare un controllo sulla situazione, rassegnati passivamente alle richieste del lavoro senza tentare di ridimensionarle. I vari stressor della situazione lavorativa, come il sovraccarico o l'ambiguità di ruolo, possono interagire con queste caratteristiche personali portando allo sviluppo del *burnout*.

---

[16] MASLACH C., *Burn out*, in "Human Behavior" 9 (5) 1976, pp. 16-22.

[17] MASLACH C., *The client role in staff burn-out*, in "Journal of Social Issues", 34 (4) 1978, pp. 111-124.

Nel 1997 Maslach e Leiter[18] hanno elaborato un modello interpretativo di *burnout* che si focalizza principalmente sul grado di adattamento/disadattamento tra persona e lavoro. Secondo questi autori la sindrome da *burnout* ha maggiori probabilità di svilupparsi quando è presente una forte discordanza tra la natura del lavoro e la natura delle persone che svolgono tale lavoro. Queste discrepanze sono da considerarsi come i più importanti antecedenti del *burnout* e sono sperimentabili in sei ambiti della vita organizzativa: carico di lavoro, controllo, ricompense, senso comunitario, equità, valori.

Successivamente la definizione di *burnout* viene trasformata in un elemento multifattoriale costituito da tre dimensioni tra loro relativamente indipendenti.

1. **L'esaurimento emotivo** che si rivela come caratteristica centrale del *burnout* e si manifesta come sensazione di essere in continua tensione, emotivamente inariditi dal rapporto con gli altri. Questo è dovuto alla percezione delle richieste come eccessive rispetto alle risorse disponibili. L'operatore si sente come svuotato delle risorse emotive e personali, e con l'impressione di non avere più nulla da offrire a livello psicologico. L'esaurimento emotivo è, quindi, la sensazione di aver oltrepassato i propri limiti sia fisici sia emotivi, sentendosi incapaci di rilassarsi e recuperare e ormai privi dell'energia per affrontare nuovi progetti o persone. Quest'aspetto riflette la dimensione di stress da *burnout*, coglie gli aspetti critici della relazione che le persone hanno con il proprio lavoro. L'esaurimento non è semplicemente un vissuto, piuttosto spinge ad allontanarsi dal punto di vista emotivo e cognitivo dalla professione, presumibilmente un modo per far fronte al carico di lavoro[19].
2. **La depersonalizzazione** che si manifesta come la risposta negativa nei confronti delle persone che ricevono la prestazione professionale. Questo costituisce un modo per porre una distanza tra sé e i destinatari del servizio, ignorando attivamente le qualità che li rendono unici. Le richieste di queste persone sono maggiormente gestibili quando queste ultime vengono considerate oggetti impersonali. In questa condizione l'operatore cerca di evitare il coinvolgimento emotivo con un atteggiamento burocratico e

[18] MASLACH C., LEITER M. P., *The Truth about Burnout How Organizations Cause Personal Stress and What to do about It*, Jossey-Bass, San Francisco 1997.

[19] MASLACH C., SCHAUFELI W. B., LEITER M. P., *Job burnout,* in "Annual Review of Psychology", 52, 2001, pp. 397-422.

distaccato, e con comportamenti di rifiuto o palese indifferenza verso l'utente. Questi atteggiamenti negativi di distacco, cinismo, freddezza e ostilità costituiscono il tentativo di proteggere se stessi dall'esaurimento e dalla delusione, riducendo al minimo il proprio coinvolgimento nel lavoro. Una frequente conseguenza della depersonalizzazione è la percezione del senso di colpa da parte dell'operatore.

3. **La ridotta realizzazione personale** che si manifesta come sensazione che nel lavoro a contatto con gli altri la propria competenza e il proprio desiderio di successo stiano venendo meno. L'operatore si percepisce come inadeguato e incompetente sul lavoro e perde la fiducia nelle proprie capacità di realizzare qualcosa di valido. La motivazione al successo cala drasticamente, l'autostima diminuisce e possono emergere sintomi di depressione. In questa condizione è possibile che il soggetto si rivolga alla psicoterapia oppure decida di cambiare lavoro. Questo costrutto ha una relazione complessa con gli altri due: sembra sia una funzione di entrambi, oppure una combinazione dei due. Una situazione lavorativa caratterizzata da richieste croniche e opprimenti che contribuiscono all'esaurimento e al "cinismo" è probabile possa erodere il senso di efficacia dell'individuo. Ancora, esaurimento e depersonalizzazione interferiscono con l'efficacia: è difficile raggiungere un senso di realizzazione quando ci si sente esauriti o si aiutano persone verso le quali si prova indifferenza. Comunque, in altri contesti lavorativi, l'inefficacia sembra svilupparsi parallelamente con gli altri due aspetti del *burnout*, piuttosto che in maniera sequenziale[20]. La mancanza di efficacia sembra derivare più chiaramente da una mancanza di risorse, mentre l'esaurimento e il cinismo emergono dalla presenza di sovraccarico lavorativo e conflitto sociale.

I primi studi sul *burnout* sono stati condotti usando campioni di lavoratori impiegati nelle professioni di aiuto, come infermieri, psicoterapeuti ecc. In queste ricerche è stato trovato che le persone che svolgono questi lavori spesso provano

---

[20] LEITER M. P., *Burnout as a developmental process: Consideration of models*, in SCHAUFELI W. B., MASLACH C., MAREK T. (eds.), *Professional burnout: Recent developments in theory and research,* Taylor & Francis, Washington 1993, pp. 237-250.

un'estrema fatica e la perdita dell'idealismo[21]. Tutto questo ha ispirato lo sviluppo del Maslach *Burnout* Inventory Human Services Survey, da somministrare alle persone che lavorano nel settore della salute e del servizio alla persona[22].

La scala MBI-Educators Survey (MBI-ES), invece, è stata sviluppata per le persone che lavorano nel settore dell'educazione. In entrambe queste ultime due scale le tre dimensioni sono concettualizzate nei termini delle professioni in cui i lavoratori interagiscono ampiamente con altre persone (clienti, pazienti, studenti, ecc.); queste dimensioni sono quelle dell'esaurimento emotivo, della depersonalizzazione e della ridotta realizzazione personale.

Successivamente, dato il crescente interesse per il *burnout* all'interno delle occupazioni che non sono propriamente orientate alla persona, è stata costruita una nuova versione generale dell'MBI, l'MBI-General Survey (MBI-GS). In questo caso le tre componenti del *burnout* sono state concettualizzate in termini leggermente più ampi, tenendo in considerazione il lavoro e non solo l'aspetto delle relazioni interpersonali che potevano far parte del lavoro. Si parla, dunque, delle componenti di esaurimento, cinismo (un atteggiamento distaccato nei confronti del proprio lavoro), e di ridotta efficacia professionale. Questo strumento misura le stesse tre dimensioni della misura originale, utilizzando degli item leggermente diversi e mantenendo una struttura fattoriale stabile all'interno delle diverse occupazioni.

Un altro questionario che viene ampiamente utilizzato per la misura del *burnout* dopo l'MBI è il *Burnout Measure* (BM) di Pines e Aronson[23]. Inizialmente gli autori hanno effettuato una distinzione tra *burnout* e noia che consideravano simili nella sintomatologia, ma differenti nelle cause, infatti specificavano che la noia è il risultato di una pressione cronica prolungata (di tipo mentale, fisico, cronico o emotivo), mentre il *burnout* deriva da una pressione emotiva ripetuta, associata ad un intenso coinvolgimento nella relazione con le persone, per lunghi periodi di tempo. Successivamente, tuttavia, gli autori hanno messo da parte questa differenziazione e hanno ampliato il concetto di *burnout,* includendo anche la noia. Il questionario è formato da 21 item che esprimono l'esaurimento e che sono valutati su una scala a 7

---

[21] MASLACH C., JACKSON S. E., *The measurement of experienced burnout*, in "Journal of Occupational Behavior", 2, 1981, pp. 99-113.

[22] MASLACH C., JACKSON S. E., *Burnout in health professions: A social psychological analysis*, in SANDERS G., SULS J. (eds.), *Social psychology of health and illness*, Erlbaum, Hillsdale 1982, pp. 227-251.

[23] PINES A., ARONSON E., *Career Burnout. Causes and Cures*, The Free Press, New York 1988.

punti, che va da "mai" a "sempre". Gli autori presentano il BM come uno strumento di autodiagnosi del *burnout*[24].

Il *Link Burnout Questionnaire* (LBQ) è uno strumento messo a punto da Santinello[25] che si propone di misurare il *burnout* delle persone che lavorano nelle professioni di aiuto. Santinello ha rielaborato le tre dimensioni indagate dall'MBI e ha ritenuto opportuno ampliare la tradizione teorica sul *burnout* aggiungendo la nuova scala della disillusione.

Le quattro dimensioni indagate dall'LBQ sono:

1. Esaurimento psicofisico, relativo alla sensazione di aver esaurito le risorse psicofisiche, sensazione che si riflette negativamente sia sull'utente che non riceve le cure adeguate, che sull'operatore che non è più in grado di comprendere le esigenze degli utenti;
2. Deterioramento della relazione con l'utente, causato da un atteggiamento di indifferenza e di distacco dell'operatore dagli utenti, i quali sono visti come degli oggetti impersonali a cui manifestare un comportamento cinico e ostile;
3. Inefficacia professionale, ovvero la percezione causata dal vissuto di *burnout* di non essere in grado di realizzare gli obiettivi nel proprio lavoro. L'operatore non si sente più gratificato e appagato dal proprio lavoro;
4. Disillusione, che si riferisce alla delusione delle aspettative positive riguardanti l'attività professionale a causa di un'eccessiva idealizzazione della stessa. Il modo in cui si manifesta la disillusione è attraverso la perdita di passione ed entusiasmo per le attività svolte quotidianamente. Il *burnout*, quindi, si può caratterizzare come lo stato finale di un lungo processo di disillusione.

Ognuna delle quattro dimensioni del *burnout* si articola lungo un continuum che oscilla tra due poli opposti: esaurimento-energia (dimensione psicofisica); deterioramento-coinvolgimento (dimensione della relazione); inefficacia-efficacia (dimensione della competenza professionale); disillusione-soddisfazione (dimensione delle aspettative esistenziali). Lo strumento è composto da 24 item totali a cui viene

---

[24] SCHAUFELI W. B., MASLACH C., MAREK T., (eds.), *Professional Burnout Recent Developments in Theory and Research*, Taylor & Francis, Washington DC 1993.

[25] SANTILLO M., *LBQ: Link burnout questionnaire: manuale*, Giunti O.S., Organizzazioni speciali, Firenze 2007.

data una risposta su una scala Likert a sei punti che va da "Mai" (1 punto) a "Ogni giorno" (6 punti).

L'*Organizational Checkup System* (OCS)[26] è uno strumento di misurazione funzionale pensato appositamente per identificare le principali cause del *burnout*. Fornisce gli strumenti per un checkup organizzativo finalizzato a valutare lo stato di un'organizzazione sulla base del benessere del suo personale. È costituito da 68 item, suddivisi come segue:

- 16 item costituiscono la versione *MBI-General Survey*[27]. Le risposte a questi item sono date su una scala Likert a 7 punti. Indagano tre fattori che riguardano la resistenza individuale (in cui il polo negativo è rappresentato dall'esaurimento e quello positivo dall'energia), la reazione agli altri e al lavoro (in cui il polo negativo è rappresentato dalla disaffezione e quello positivo dal coinvolgimento) e la reazione individuale verso il proprio lavoro (in cui il polo negativo è rappresentato dal sentimento di inefficacia e quello positivo dal senso di efficacia professionale e di realizzazione);
- i restanti 52 item costituiscono l'*Areas of Worklife Survey (Aree di indagine sulla vita lavorativa)*. Il contributo di Leiter è stato quello di aver esteso le ricerche all'ambiente organizzativo, ricercando in questo le concause della manifestazione del *burnout* tra i lavoratori e confermando scientificamente che al di là delle caratteristiche di personalità di un singolo lavoratore, se questo è collocato in un'organizzazione "malata", manifesterà comunque sintomi di disagio. Le 52 risposte ad item sulla vita lavorativa sono date su una scala Likert a 5 punti. All'interno di questa parte si distinguono dieci sottoscale: sei relative alle *Aree della vita lavorativa* (29 item per le sottoscale *Carico di lavoro*, *Controllo*, *Riconoscimento*, *Integrazione sociale*, *Equità* e *Valori*), una alla percezione del *Cambiamento* (10 item per

---

[26] In Italia è stata ultimata la versione italiana dell'*Organizational Checkup*, chiamato *Organizational Checkup System (OCS)*, la cui traduzione è stata supervisionata dagli stessi autori Maslach e Leiter: esso rappresenta lo strumento di misurazione del *burnout* più aggiornato e si fonda su precisi presupposti teorici. Cfr. LEITER M.P., MASLACH C., *Preventing burnout and building engagement*. Jossey-Bass, San Francisco 2000 (tr. it.: *OCS Organizational Checkup System. Come prevenire il burnout e costruire l'impegno*, Giunti O.S. Organizzazioni Speciali, Firenze 2005).

[27] SCHAUFELI W. B., LEITER M. P., MASLACH C., JACKSON S. E., *Maslach Burnout Inventory-General Survey (MBI-GS)*, in. MASLACH C., JACKSON S. E., LEITER M. P., *MBI Manual* (3d ed.). Consulting Psychologist Press, Palo Alto 1996, pp. 19-26.

il sottoscala *Cambiamento*) e tre ai *Processi di gestione* (13 item per le sottoscale *Leadership*, *Sviluppo di competenze* e *Coesione di gruppo*).

7.2 Modello di Cherniss

Cary Cherniss (Professore di Psicologia Applicata presso la Rutgers University's - New Jersey) nel 1980 vede il fenomeno del *burnout* come reazione ad una situazione di lavoro sentita come intollerabile e lo definisce come una "ritirata psicologica dal lavoro"[28]. Una reazione che inizia a svilupparsi quando il soggetto crede che lo stress che sta provando non possa essere sgravato con una soluzione attiva. Il risultato è fuggire psicologicamente dalla situazione attraverso atteggiamenti di distacco e comportamenti di evitamento. Si manifesta una perdita di entusiasmo, di interesse e senso di responsabilità.

Cherniss nel 1980[29] individua cinque tratti di personalità che sono:

- l'ansia nevrotica;
- la sindrome di "tipo A";
- il *locus of control*;
- la flessibilità;
- l'introversione.

L'ansia nevrotica: riguarda quegli individui che si pongono mete elevate, spesso al di là delle loro risorse, e si puniscono se non le raggiungono. La motivazione al successo sarà in conflitto col timore di non realizzarlo, il bisogno di competizione con il desiderio di essere accettati. Questo soggetto agisce impulsivamente, perde la calma, tende ad utilizzare meccanismi di difesa quali la negazione, la protezione, la rimozione. Le "helping professions" possono attrarre questi soggetti che si pongono in modo irrealistico traguardi elevati, ovvero devono "salvare" gli altri e si sentono infelici quando falliscono.

La personalità di "tipo A": si presenta in soggetti portati a uno stile di vita iperattivo, competitivo, incalzante, aggressivo, impaziente e legato alla sensazione di mancanza di tempo.

---

[28] CHERNISS C., *Staff Burnout: job stress in the Human service*, Sage, Beverly Hills 1980 p. 18 ss.

[29] CHERNISS C., *La sindrome del burn-out. Lo stress lavorativo degli operatori dei servizi sociosanitari*. Centro Scientifico Torinese, Torino 1983.

Il *locus of control*: secondo questa teoria gli individui interpretano il controllo sugli eventi che vivono in una doppia maniera. Le persone che hanno le caratteristiche di "locus interno" credono che gli avvenimenti della vita siano favoriti da un proprio intervento diretto, ritengono in questo modo di poter attivamente contribuire a migliorare la propria situazione. Sono più propensi a valutare positivamente le proprie capacità di affrontare gli eventi di vita stressanti, ma sono più esposti alla delusione di fronte agli eventi incontrollabili. Viceversa, le persone che hanno le caratteristiche di "locus esterno" ritengono che tutto o quasi tutto sia causato dal destino o comunque da azioni esterne al loro operato. Tendono a deresponsabilizzarsi e rimanere passivi anche di fronte a problemi risolvibili e di cadere vittime di "impotenza appresa"[30].

La flessibilità: gli individui più adattabili e flessibili sono quelli con maggiori possibilità di sperimentare conflitti e stress perché il loro lavoro subisce continue trasformazioni e cambiamenti, reagiscono ad esso con ansia, tensione e inquietudine dovuto all'adattarsi continuo. Viceversa gli individui che meno si adattano, sono

[30] L'"impotenza appresa" (*learned helplessnes*) diventa una sorta di meccanismo di adattamento psicologico che arriva nel momento in cui le forze vengono meno e non si è in grado di continuare a gestire il peso della situazione. Dopo aver cercato di cambiare il corso delle cose senza ottenere i risultati attesi, le persone si inibiscono e cadono in uno stato di passività. Sembrano ripetersi la frase: "Tanto, qualunque cosa io faccia, la situazione non cambierà mai".

Nell'"impotenza appresa" sono coinvolte quattro aree fondamentali: motivazionale, cognitiva, emotiva e comportamentale, dando luogo ad una serie di pensieri, sentimenti e comportamenti caratteristici:

- la persona ha perso la motivazione a continuare a combattere. In altre parole, assume il ruolo e la mentalità della vittima, che si manifesta a livello comportamentale attraverso una profonda apatia;

- la persona non impara dagli errori, ritiene di non poter fare nulla per migliorare la sua situazione e assume il suo destino come immutabile. Gli errori smettono di essere strumenti di crescita e diventano dimostrazioni dell'esistenza della fatalità;

- la persona cade in una depressione profonda e nella disperazione, sviluppa una visione pessimistica del mondo, si convince di essere incapace di uscire da quella situazione;

- la persona non prende decisioni importanti perché ritiene di non poter cambiare il corso della sua vita e di non aver alcun controllo sulla stessa, perciò si chiude in se stessa e subisce passivamente le circostanze.

Cfr. SELIGMAN M.E.P., *Learned helplessness*, in "Annual Review of Medicine", 23 (1) 1972, pp. 407-412; SELIGMAN M.E.P., *Imparare l'ottimismo. Come cambiare la vita cambiando il pensiero,* Giunti Editore, Firenze 1996.

comunque soggetti a stress, irrigidendosi nelle proprie abitudini lavorative, dipendendo dalle figure autoritarie e sviluppando sentimenti di inutilità.

L'introversione: i soggetti introversi sperimentano una tensione maggiore nelle situazioni di ruolo rispetto agli estroversi. Si ritirano più facilmente dei loro colleghi di fronte al conflitto e alle problematiche da affrontare.

Le possibili manifestazioni del *burnout* secondo Cherniss possono essere divise in quattro gruppi:

1. Sintomi fisici come fatica e senso di stanchezza, frequenti mal di testa e disturbi gastrointestinali, raffreddori e influenze, cambiamenti delle abitudini alimentari, insonnia e uso di farmaci (specie sonniferi e tranquillanti)[31];
2. Sintomi psicologici quali senso di colpa, negativismo, sensazioni di fallimento e immobilismo, alterazioni dell'umore, irritabilità, scarsa fiducia in sé, scarsa empatia e capacità d'ascolto;
3. Reazioni comportamentali come alta resistenza ad andare al lavoro, alto assenteismo e ritardi, notevole affaticamento dopo il lavoro, isolamento e ritiro (disinvestimento emotivo), tendenza ad evitare o rimandare i contatti con gli utenti, ricorso a procedure rigidamente standardizzate;
4. Cambiamenti di atteggiamento con gli utenti, cui si dimostra cinismo e atteggiamento colpevolizzante nei loro confronti, chiusura difensiva ai contatti, perdita di disponibilità all'ascolto, distacco emotivo, indifferenza, rigidità di pensiero e resistenza al cambiamento, utilizzo di misure del controllo del comportamento come l'uso di sostanze (farmaci, alcol ecc.); atteggiamenti sospettosi o paranoidi. Anche con i colleghi si sviluppano atteggiamenti di evitamento dei contatti e di risentimento. Spesso l'inquietudine sul lavoro si trasmette nell'ambito privato, creando i conflitti coniugali e famigliari.

[31] Secondo alcuni autori, la sindrome di *burn-out* provoca o, più spesso, aggrava alcuni o molti tra i seguenti disturbi psicosomatici: a) disfunzioni gastrointestinali: gastrite, ulcera, colite, stitichezza, diarrea; b) disfunzioni a carico del SNC: astenia, cefalea, emicrania; c) disfunzioni sessuali: impotenza, frigidità, calo del desiderio; d) malattie della pelle: dermatite, eczema, acne, afte, orzaiolo; e) allergie e asma; f) insonnia e altri disturbi del sonno; g) disturbi dell'appetito; h) componenti psicosomatiche di: artrite, cardiopatia, diabete. Cfr. BERNSTEIN G.S., HALASZYN J.A., *Io, Operatore Sociale. Come vincere il Burnout e rendere gratificante il mio lavoro*, Erickson, Trento 1993, p.115.

Per Cherniss il diventare consapevoli ed essere a conoscenza del problema, aiutare gli altri ad agire allo stesso modo, è il primo gradino che deve essere considerato nei propri tentativi di affrontare il *burnout*.

7.3 Modello basato sulla competenza/efficacia di Harrison

Nel modello basatosi sulla "competenza/efficacia" proposto da Harrison[32], il *burnout* è strettamente connesso alle aspettative interne (personali) ed esterne (ambientali), all'attuale esperienza dell'operatore, alla sua capacità di intervenire sull'ambiente e di fronteggiare gli eventi in situazioni che richiedano aiuto, nonché ai risultati positivi del proprio operato sugli utenti.

Gli elementi che secondo Harrison influiscono sul senso di efficacia, e di conseguenza sul *burnout*, sono sia interni che esterni. Per i fattori interni hanno particolare importanza le aspettative del soggetto, la sua percezione di competenza, di potere e di controllo; per gli elementi esterni sono fondamentali gli elementi relativi all'organizzazione, come l'adeguatezza delle risorse e la divisione dei ruoli, la presenza di feedback sui risultati e i problemi degli utenti. Questi aspetti possono contribuire in senso positivo alla sensazione di competenza e quindi essere considerati "fattori d'aiuto" oppure opporsi a questa sensazione e rappresentare "barriere all'aiuto". Il *burnout* sembra quindi dipendere sostanzialmente dalle aspettative del soggetto e dall'esperienza che sta attualmente sperimentando. Se l'operatore ritiene di non poter agire in modo efficace, la sua motivazione diminuisce fino ad annullarsi e si rischia di incorrere nel *burnout*[33].

Per quanto concerne l'esperienza vi sono fattori ambientali che la influenzano come:

1. l'espletare mansioni non previste per il proprio ruolo professionale;
2. la possibilità di reperire risorse per risolvere i problemi che si presentano;

[32] HARRISON W. D., *A social competence model of burnout*, in FARBER B.A. (Ed.), *Stress and burnout in the human services professions*, Pergamon, New York 1983, pp. 29-39.

[33] Cfr. HARRISON W. D., Role strain and *burnout* in protective service workers, in "Social Service Review" 54 (1) 1980, pp. 31-44.

3. ottenere feedback relativamente al proprio ruolo svolto, affinché l'operatore possa riconoscere gli aspetti che lo ostacolano e abbia la capacità di modificarli.

L'operatore che si aspetta troppo da se stesso o a cui è richiesto troppo, non riesce a soddisfare tali domande, per cui si viene a creare uno scarto tra richieste e risorse: questo mette l'individuo sotto stress. I soggetti che vivono queste situazioni e insistono nel voler rispondere a tutto, sperimentano una continua esperienza di sconfitta, sentono di non farcela più e alla lunga finiscono per "bruciarsi".

Questo modello si rivela utile per spiegare il manifestarsi del *burnout* in quei soggetti che si pongono obiettivi e aspettative particolarmente elevati, perché date queste premesse è più difficile sentirsi veramente efficaci nell'intervento. Secondo Harrison il senso di competenza si sviluppa solo se l'operatore riesce a collegare i risultati raggiunti con gli utenti alle proprie azioni di aiuto. Un'importanza particolare è quindi rivestita dalle abilità del soggetto a individuare correttamente i bisogni dell'utente e a cogliere i feedback provenienti dal suo operato. Se i soggetti mantengono alta la percezione di competenza, ritenendo di avere provocato cambiamenti positivi negli utenti con la loro azione, vi sarà meno pericolo di *burnout.*

7.4 Modello ecologico di Hobfoll

Secondo la "Teoria della conservazione delle risorse" (*Conservation of Resources Theory*) di Hobfoll[34], il comportamento umano sarebbe visto in termini di adattamento della persona alle risorse e alle circostanze. In quest'ottica il *burnout*, che coincide con un alto livello di stress, sarebbe il risultato di una perdita effettiva o potenziale di risorse che le persone cercano di incrementare, conservare o proteggere da potenziali minacce.

In questo ambito la nozione di risorse ha una connotazione ampia che include quattro macro categorie che possono essere applicate a persone e comunità:

---

[34] HOBFOLL S.E., *Conservation of Resources: A New Attempt at Conceptualizing Stress*, in "American Psychologist" 44 (3) 1989, pp. 513-524; HOBFOLL S.E., FREEDY J., *Conservation of resources A general stress theory applied to burnout*, in SCHAUFELI W.B., MASLACH C., MAREK T. (eds.), *Professional Burnout Recent Developments in Theory and Research*, Taylor & Francis, Washington 1993, pp. 115-135; HOBFOLL S. E., LILLY R. S., JACKSON A. P., *Conservation of social resources and the self*, in VEIEL H.O.F., BAUMANN U. (eds.), *The Meaning and Measurement of Social Support*, Hemisphere, Washington 1992, pp. 125-142.

- le caratteristiche personali sono attributi riguardanti il sé, come l'età, il genere, l'autoefficacia o le abilità lavorative; in una comunità tali caratteristiche includono fattori come il senso di comunità o la coesione sociale;
- gli oggetti sono beni tangibili come il possesso di un'abitazione o di un'auto o la presenza di infrastrutture o industrie;
- le condizioni sono le strutture sociali e le regole, per esempio per gli individui possono essere l'affettività e l'anzianità di servizio; per la collettività, l'offerta d'impiego e la presenza di servizi di emergenza.
- le energie a livello individuale sono la disponibilità di tempo, denaro e conoscenza. Queste risorse sono le componenti chiave della vita quotidiana e quindi la loro perdita è grande fonte di stress.

La teoria si suddivide in tre principi e tre corollari, che descrivono le dinamiche di perdita e di guadagno delle risorse e il loro impatto sugli individui e sulla collettività. Il primo principio evidenzia "il primato della perdita". A parità di condizioni, le risorse perse hanno un impatto maggiore di quelle guadagnate. Il secondo principio riguarda l'investimento essenziale per proteggersi dalla perdita di risorse, per il loro recupero e guadagno. Gli investimenti possono controbilanciare le perdite, proteggere da perdite future e contribuire a guadagnare risorse. Tali investimenti, tuttavia, portano a una diminuzione delle risorse di riserva e, se tali risorse non sono prontamente rimpiazzate, le difese contro gli eventi futuri sono ulteriormente indebolite. Infine, il terzo principio stabilisce che l'acquisizione di nuove risorse diviene centrale in un momento di perdite significative e cruciali per la ripresa. Affinché l'aspetto delle acquisizioni di risorse sia positivo è necessario che tali risorse siano reali e non il frutto di una riformulazione della situazione, coinvolgano azioni individuali e collettive e comportino conseguenze tangibili.

Ai tre principi si aggiungono tre corollari di approfondimento:

- il primo corollario postula che gli individui con più risorse sono meno vulnerabili e maggiormente in grado di procurarsene di nuove. Al contrario, le persone con meno risorse sono più vulnerabili alla loro perdita e meno in grado di recuperarle. Anche per le comunità vale la stessa cosa.
- il secondo corollario afferma che perdite iniziali causano perdite future; un iniziale smarrimento di risorse accresce quindi la vulnerabilità del sistema verso ulteriori perdite future. Questo fatto rischia di innescare la "spirale delle perdite". Nel momento in cui la perdita non è controllata, lo stress e i

danni aumentano progressivamente in modo esponenziale. Il processo è molto simile anche a livello di comunità; infatti, quando le risorse, le forze e i mezzi di una collettività sono distrutti, anche la capacità di far fronte alle richieste ambientali è intaccata.

- il terzo corollario riguarda la "spirale del guadagno". Questo è un processo più lento, difficile e di minore impatto rispetto alla "spirale della perdita" in conseguenza del fatto che un investimento richiede sforzi e tempi maggiori per ottenere risultati e inoltre perché vi è sempre un rischio connesso a tale operazione. Ecco perché gli individui sono più propensi ad assumere un atteggiamento protettivo delle proprie risorse contro una probabile perdita o in seguito ad una grave perdita.

Questa teoria consente di comprendere come lo stress e *burnout* agisca sugli individui e sulle comunità, tenendo conto sia di aspetti culturali e materiali e ponendo attenzione alla dimensione dinamica dei processi.

8. Alcuni test di autovalutazione

8.1 Misura la tua "febbre da *burnout*"[35]

Pensando agli ultimi sei mesi, cerca di indicare se ti è capitato di sentire o fare le cose scritte di seguito. Segna con una X le voci che indicano sentimenti, domande o fatti che ti sono capitati più spesso o con più intensità:

- la mattina, andare al lavoro, è un grosso sforzo per me;
- il lavoro che faccio, in fondo, è del tutto inutile;
- quando penso al lavoro sento rabbia e risentimento;
- il lavoro mi serve per sopravvivere economicamente;
- non riesco a trovare niente di positivo nel lavoro che faccio;
- la mia vita vera è al di fuori del lavoro; lì mi basta riuscire a farmi i fatti miei;
- durante la giornata di lavoro mi sento stanchissimo/a;
- ogni giorno non vedo l'ora che arrivi il momento di andare a casa;
- dopo una giornata di lavoro mi sento distrutto/a:
- in verità coloro con cui ho rapporti sul lavoro non mi piacciono molto;
- appena posso cerco di evitare i "contatti" con gli utenti;
- penso che i miei utenti non siano tanto "belli";
- faccio molta fatica ad "ascoltare" veramente ciò che vogliono dirmi gli utenti;
- mi sembra di essere sempre allo stesso punto, di non fare progressi;
- in fondo, se i miei utenti non traggono vantaggi dal mio aiuto, è colpa loro;
- ciò che contano, alla fine, sono soprattutto le formalità (procedure, regolamenti, ecc.);
- mi addormento con difficoltà e dormo poco e male;
- con i colleghi cerco di evitare ogni discussione;

[35] Tratto da: AA. VV., *L'operatore cortocircuito*, CLUP, Milano 1987.

- sul lavoro la cosa che più importa è “star bene”, stare in pace, farmi i fatti miei;
- penso che ci vorrebbero più misure di controllo sul comportamento dei miei utenti, più disciplina, più psicofarmaci, ecc.;
- soffro spesso di influenze, allergie, mal di testa, disturbi intestinali;
- faccio fatica a cambiare opinione e non sopporto l’idea di dover cambiare qualcosa nel mio lavoro;
- sono molti, sul lavoro, quelli che ce l’hanno con me o non mi stimano;
- prendo pillole di ogni genere;
- appena posso mi assento dal lavoro adducendo motivi famigliari, o di salute, o altro;
- in famiglia sono irritabile e litigioso/a; oppure ho problemi col partner;
- per quanto tempo posso andare avanti in questa maniera?
- sto sacrificando troppo il “mio” privato;
- in fondo per “pochi soldi” che mi danno;
- certi miei utenti, certi colleghi, certi dirigenti, guadagnano come me o più di me senza “sbattersi” tanto;
- quale futuro lavorativo (carriera) mi aspetta?
- forse mi conviene guardarmi in giro o riprendere a studiare, non si sa mai;
- non riesco ad essere utile ai miei utenti;
- nel mio territorio è impossibile fare un buon lavoro;
- l’Istituzione non offre alcun valido appoggio;
- tutta l’organizzazione in cui lavoro, non risponde alle reali esigenze degli utenti;
- superiori, dirigenti e politici non hanno alcun apprezzamento per il mio lavoro;
- gli utenti non hanno quasi alcun apprezzamento per ciò che faccio, schede, relazioni, rapporti scritti mi soffocano;
- sono impreparato per il lavoro che faccio, e si vede;
- a causa del mio sesso, ho più problemi degli altri, nel mio lavoro;

- non so mai cosa devo fare io e cosa devono fare gli altri (colleghi, amministratori, dirigenti, consulenti, ecc.);
- nel territorio il mio prestigio è quasi zero;
- i rapporti con i colleghi sono inesistenti o negativi;
- verso il lavoro provo spesso noia o nausea;
- l'importante è evitare problemi, sul lavoro;
- i casi difficili, le riunioni, gli straordinari se li facciano gli altri;
- meno impegno possibile, sia mentale che temporale;
- ora mi defilo, mi do per occupatissimo;
- devo cercare di farmi dare un incarico di tutto riposo;
- quanto mi manca per la pensione minima?

Risultati: Conta le crocette, dividi il loro numero per 4 e aggiungi 36. Il risultato di questa operazione è la tua "febbre di *burnout*"[36].

8.2 Mio livello di *burnout*[37]

Rispondi alle seguenti domande. Per calcolare il risultato, assegnare il seguente punteggio 1 – Mai; 2 – Raramente; 3 – Qualche volta; 4 – Spesso; 5 – Molto spesso/Sempre.

1. Ti senti spossato ed esaurito in termini di energia fisica o emozionale?
2. Senti di essere incline a pensieri negativi riguardanti il tuo lavoro?

---

[36] Il livello della "febbre" di cui si parla qui, simboleggia per analogia il livello dell'attenzione e preoccupazione che dovrebbe accompagnare il proprio modo di vivere la sindrome del *burnout*. Come riferimento analogico a livello medico è in genere indicato come normale il valore di 36.8° ± 0.4°C. Orientativamente la classificazione medica indica come: stato subfebbrile 37 - 37,3°C; febbricola 37,4 - 37,6°C; febbre moderata 37,7 - 38,9°C; febbre elevata 39 - 39,9°C; iperpiressia con pericolo di vita >40°C. Per analogia, simili criteri numerici si potrebbero applicare per valutare la gravità di *burnout*, per poter adottare successivamente i provvedimenti proporzionali alla gravità delle sue manifestazioni.

[37] http://www.felicetrasformazionepersonale.it/*burnout*-sindrome/

3. Senti di essere verso le persone più duro e meno comprensivo di quanto forse meritino?
4. Ti ritrovi ad essere più spesso irritato da piccoli problemi, o dai colleghi e dal tuo team?
5. Ti senti incompreso o non apprezzato dai tuoi colleghi?
6. Senti di non aver nessuno con cui parlare?
7. Senti che stai raggiungendo meno obiettivi di quanto potresti?
8. Ti senti sotto uno spiacevole livello di pressione per il successo?
9. Senti che non stai raggiungendo ciò che vuoi dal tuo lavoro?
10. Senti di essere nell'azienda sbagliata o nel lavoro sbagliato?
11. Stai iniziando a provare frustrazione verso aspetti del tuo lavoro?
12. Senti che le politiche gestionali o la burocrazia frustrano la tua capacità a svolgere un buon lavoro?
13. Senti che c'è più lavoro da fare di quanto nella pratica sei in grado di svolgere?
14. Senti di non essere in grado di fare molte delle cose che sono necessarie per realizzare un lavoro di buona qualità?
15. Senti di non aver abbastanza tempo di pianificare quanto vorresti?

Punteggio

15-18 punti: lievi segni di *burnout*; 19-32 punti: lievi segni di *burnout*, a meno che alcuni punteggi siano particolarmente alti; 33-49 punti: attenzione – sei a rischio di *burnout*, specialmente se alcuni punteggi sono alti; 50-59 punti: sei ad alto rischio di *burnout* – cerca di fare qualcosa in merito il prima possibile; 60-75 punti: sei ad altissimo rischio di *burnout* – cerca di fare qualcosa in merito con urgenza.

8.3 *Burnout* autotest[38]

Pensi che potresti essere d'accordo con una delle seguenti affermazioni, quando valuti le tue esperienze dell'ultimo mese?

---

[38] http://www.psicopolis.com/*burnout*/test3.htm

Domanda:	Sì	No
1. Mi sento molto stanco, letargico ed esausto il più delle volte		
2. Spesso non riesco a prendere decisioni e ho pensieri confusi		
3. Mi sento spesso arrabbiato e infuriato		
4. Mi sento "schiacciato" dalle scadenze di lavoro		
5. Spesso mi sento ansioso, colpevole e frustrato		
6. Sono sempre di fretta e non sono capace di aspettare		
7. Non riesco a concentrarmi su nulla		
8. Ho inconsciamente aumentato il fumo e/o l'assunzione di alcol / caffè		
9. Non riesco più a tollerare le critiche e non mi fido degli altri		
10. Ho notato un aumento / diminuzione del sonno, del peso e dell'appetito		

Se hai risposto 6 sì o più, forse sei già in *burnout*!

8.4 Test breve sul *burnout* di Beverly A. Potter[39]

Leggi una frase alla volta e scrivi subito accanto il punteggio (da 1 a 5): 1 = raramente; 2 = qualche volta; 3 = non saprei; 4 = spesso; 5 = continuamente. Alla fine, somma i punteggi di ogni frase.

1. mi sento stanco anche dopo una buona dormita ____
2. sono insoddisfatto del mio lavoro ____
3. mi intristisco senza ragioni apparenti ____
4. sono smemorato ____
5. sono irritabile e brusco ____
6. evito gli altri sul lavoro e nel privato ____
7. dormo con fatica (per preoccupazioni di lavoro) ___
8. mi ammalo più del solito ____
9. il mio atteggiamento verso il lavoro è "chi se ne importa"? ____

[39] http://www.psicopolis.com/*burnout*/testPott.htm

10. entro in conflitto con gli altri ____
11. le mie performance lavorative sono sotto la norma ____
12. bevo o prendo farmaci per stare meglio ____
13. comunicare con gli altri è una fatica ____
14. non riesco a concentrarmi sul lavoro come una volta ____
15. il lavoro mi annoia ____
16. lavoro molto ma produco poco ____
17. mi sento frustrato sul lavoro ____
18. vado al lavoro controvoglia ____
19. le attività sociali mi sfiniscono ____
20. il sesso non vale la pena ____
21. quando non lavoro guardo la tv ____
22. non mi aspetto molto dal lavoro ____
23. penso al lavoro, durante le ore libere ____
24. i miei sentimenti circa il lavoro interferiscono nella mia vita privata ____
25. il mio lavoro mi sembra inutile, senza scopo ____

Punteggio

da 25 a 50 --- È tutto OK

da 51 a 75 --- Meglio prendere qualche misura preventiva

da 76 a 100 --- Sei candidato al *burnout*

da 101 a 125 --- Chiedi aiuto

8.5 *Burnout* Potential Inventory di Beverly A. Potter[40]

Quanto spesso riscontri queste situazioni sul lavoro? Usa la scala sottostante per valutare quanto spesso sei coinvolto in ciascuna situazione descritta nel quiz. Alla fine somma i punteggi.

(Raramente) 1 - 2 - 3 - 4 - 5 - 6 - 7 - 8 - 9 (Costantemente)

---

[40] http://www.psicopolis.com/*burnout*/inventory.htm

Mancanza di potere

__ 1. Non posso risolvere i problemi che mi sono assegnati.

__ 2. Sono intrappolato/a in un lavoro senza opzioni.

__ 3. Non posso influenzare le decisioni che mi riguardano.

__ 4. Posso essere licenziato/a senza poter fare niente.

Assenza di informazioni

__ 5. Le responsabilità legate al mio lavoro non sono chiare.

__ 6. Non ho le informazioni che mi servono per lavorare bene.

__ 7. I miei colleghi non capiscono il mio ruolo.

__ 8. Non capisco gli obiettivi del mio lavoro.

Conflitto

__ 9. Sono preso/a in mezzo.

__ 10. Devo soddisfare domande conflittuali.

__ 11. Sono in disaccordo con i miei colleghi.

__ 12. Devo violare le norme per fare il mio lavoro.

Equipe inefficiente

__ 13. I colleghi mi ostacolano.

__ 14. Il dirigente fa favoritismi.

__ 15. La burocrazia interferisce col mio lavoro.

__ 16. Sul lavoro si compete invece di cooperare.

Straripamento

__ 17. Il lavoro interferisce con la mia vita privata.

__ 18. Ho troppo da fare in poco tempo.

__ 19. Devo lavorare anche nel tempo libero.

__ 20. Il lavoro straordinario aumenta.

Noia

__ 21. Ho troppo poco da fare.

__ 22. Sono iperqualificato/a per il lavoro dequalificato che faccio.

__ 23. Il lavoro non offre nessuna sfida.

__ 24. La maggior parte del mio tempo è spesa in lavori di routine.

Scarsi feedback

__ 25. Non so mai se quello che faccio va bene o no.

__ 26. Il mio capo non dice mai nulla di quello che faccio.

__ 27. Ottengo le informazioni troppo tardi per usarle.

__ 28. Non vedo i risultati del mio lavoro.

Punizioni

__ 29. Il mio capo è ipercritico.

__ 30. Sono gli altri, che traggono merito dal mio lavoro.

__ 31. Il mio lavoro non è apprezzato.

__ 32. Vengo rimproverato/a per gli errori di altri.

Alienazione

__ 33. Sono isolato/a dagli altri.

__ 34. Sono un ingranaggio della macchina organizzativa.

__ 35. Ho poco in comune con i colleghi che lavorano con me.

__ 36. Evito di dire in giro dove lavoro e cosa faccio.

Ambiguità

__ 37. I ruoli cambiano costantemente.

__ 38. Non so cosa ci si aspetti da me.

__ 39. Non c'è relazione fra prestazione e successo.

__ 40. Le priorità sul lavoro non sono chiare.

Scarsità di ricompense

__ 41. Il mio lavoro non è soddisfacente.

__ 42. Ho pochi successi reali.

__ 43. La carriera non è come mi aspettavo.

__ 44. Non ho rispetto.

Conflitti di valore

__ 45. I miei valori sono compromessi.

__ 46. La gente disapprova quello che faccio.

__ 47. Non credo nell'organizzazione in cui lavoro.

__ 48. Nel lavoro, non ci metto il cuore.

Il punteggio rivela il tuo rischio di *burnout*

da 48 a 168 rischio di *burnout* basso. Fai qualche azione preventiva.

da 169 a 312 rischio di *burnout* moderato. Sviluppa un piano per correggere le tue condizioni.

da 313 a 432 rischio di *burnout* alto. È essenziale un qualche intervento.

9. Analisi del *burnout* nell'ambito lavorativo

Nello studio delle possibili cause del *burnout* è fondamentale includere l'analisi del contesto organizzativo nel quale l'individuo opera. La struttura e il funzionamento di questo contesto sociale plasmano il modo in cui le persone interagiscono tra loro e il modo in cui eseguono il loro lavoro. Nella natura del lavoro stanno avvenendo cambiamenti dirompenti dovuti alla competizione globale, all'innovazione tecnologica, ai sistemi di controllo più serrati e a una retribuzione inadeguata. Il contesto organizzativo è continuamente modellato da forze sociali, culturali ed economiche potenzialmente rischiose. Di conseguenza, le organizzazioni sono messe a dura prova, forzate ad aumentare la produttività, a riprogettare le gestioni e a resistere allo sfruttamento opportunistico da parte di altre persone. Le tensioni derivanti da grandi cambiamenti sociali finiscono spesso col danneggiare le persone, che interiorizzano tali mutamenti e li trasformano in stress fisico e psicologico.

Quando l'ambiente lavorativo non riconosce l'aspetto umano del lavoro, il rischio di *burnout* cresce, portando con sé un alto prezzo da pagare per ogni contesto organizzativo: i costi economici, la produttività ridotta, i problemi di salute e il generale declino della qualità della vita personale o lavorativa (tutte possibili conseguenze di questa sindrome). È dunque consigliabile l'adozione di un approccio preventivo per affrontare il problema *burnout*.

È fondamentale fare un investimento sulle persone per poter contare su lavoratori ben preparati, motivati, leali e dediti, capaci di realizzare un lavoro di qualità. Questo tipo di investimento deve prendere in considerazione i valori umani presenti nell'ambito dell'attività lavorativa, cercando così di rafforzare l'organizzazione per una futura sopravvivenza. Il modo migliore per prevenire il *burnout* è sicuramente puntare sulla promozione dell'impegno nel lavoro. Ciò non consiste semplicemente nel ridurre gli aspetti negativi presenti sul posto di lavoro, ma anche nel tentare di aumentare quelli positivi. Le strategie per aumentare l'impegno sono quelle che accrescono l'energia, il coinvolgimento e l'efficacia. Anche l'organizzazione deve mostrare ai suoi dipendenti lo stesso tipo di impegno, rispetto e interessamento che essa pretende da loro. Il modo migliore per farlo è quello di prendere delle misure per ridurre le sei possibili discrepanze che si verificano tra le persone e il lavoro.

Lo scopo di una buona strategia organizzativa a livello preventivo è quello di creare strutture e processi gestionali in grado di incrementare l'impegno nel lavoro. Un buon intervento deve essere inizialmente condotto dalla direzione centrale per poi diventare un vero e proprio progetto organizzativo che coinvolge tutti i lavoratori.

Un'efficace strategia che voglia prevenire il *burnout* e promuovere l'impegno deve iniziare con un'analisi tra il personale sugli aspetti chiave della vita organizzativa[41]. Questo tipo di analisi permette di valutare il modo in cui un'organizzazione si occupa delle proprie responsabilità nei confronti dei dipendenti. In altri termini, rivela in quale misura il posto di lavoro stia promuovendo la loro produttività e il loro impegno.

Attraverso l'analisi tra il personale si possono valutare i livelli di impegno/*burnout* tra i dipendenti, l'estensione della discrepanza lavoro-persona nelle sei aree della vita organizzativa e il rapporto tra le diverse strutture e procedure gestionali e le sei aree. Tutte le informazioni ricavate da questo tipo di analisi potranno essere migliorate per migliorare la cultura organizzativa.

L'analisi identifica le questioni che hanno maggiori possibilità di influenzare l'impegno del personale. Il successivo intervento, infatti, si dovrà focalizzare su una struttura o prassi gestionale in grado di influenzare una o più aree nelle quali emergono le discrepanze.

Un intervento organizzativo, condotto a livello preventivo, potrebbe richiedere molto tempo per l'implementazione e comportare la necessità della collaborazione di più persone, tuttavia il suo impatto potrebbe risultare molto efficace. Il cambiamento che ne può derivare è sicuramente di una portata più ampia rispetto a quello di un intervento individuale.

L'organizzazione, focalizzandosi sull'incremento dell'impegno e sulla promozione dei valori umani, potrà aumentare la capacità di perseguire la propria missione: una sua eventuale spesa economica per effettuare un intervento preventivo sarà un sicuro investimento per il futuro.

La gestione delle risorse umane in ambito lavorativo ha assunto negli ultimi anni un ruolo di fondamentale importanza. Nessun ambiente organizzativo può oggi ignorare gli effetti negativi derivanti da una mancata presa di coscienza di queste

---

41 LEITER M.P., MASLACH C., *Preventing burnout and building engagement*, Jossey-Bass, San Francisco 2000.

problematiche. Gestire le risorse umane e quindi l'attività professionale richiede impegno costante nel tempo e costi, non sempre facilmente definiti o definibili.

10. Strategie per la prevenzione del *burnout*

L'insorgenza del *burnout* non è un problema che lascia la persona coinvolta senza alcuna speranza[42]. Bisogna solo monitorarlo e riconoscerne in tempo i segni. Inutile sognare un passato diverso, immaginare le situazioni gestite in maniera differente, colpevolizzare se stessi o accusare gli altri per la mancanza d'aiuto. È meglio guardare dentro di sé, alle motivazioni che hanno spinto su quella strada, alle illusioni scambiate troppo spesso per ideali, alle competenze professionali di cui realmente si può disporre e non quelle immaginarie. Bisogna imparare a badare un po' più a se stessi, guardarsi allo specchio con sincerità, non chiudersi dentro ruoli improbabili che fanno sentire "salvatori del mondo", ma prosciugano le forze in maniera inevitabile[43].

Bisogna domandarsi qual è il senso di ciò che si fa e trarne le debite conclusioni: mettere in atto una serie di attenzioni nel lavoro e nella vita privata, sviluppare sane attività e tessere relazioni significative negli altri ambienti di vita. È importante anche trovare qualcuno con cui parlare, che capisca il problema è che ci possa aiutare. A volte un gruppo di sostegno è come un contenitore affettivo accogliente, un grembo nel quale ricevere protezione e nutrimento, un luogo sicuro in cui ritrovare se stessi e rinascere, un diverso punto d'osservazione su ciò che si fa e su ciò che si è.

È importante aver cura di sé, amare se stessi, volersi bene, avere a cuore la propria salute, quella del proprio corpo come quella della mente, delle relazioni e dello spirito. È indispensabile conoscere meglio se stessi, a tutti i livelli, i punti di forza e i lati più deboli, quelli sui quali si può fare affidamento e quelli più

[42] Vedi il seguente discorso in: SANDRIN L., *Aiutare gli altri. La psicologia del buon samaritano*, Paoline, Milano 2013, pp. 97-99.

[43] Partendo dalla prospettiva spirituale e avvalendosi dell'esperienza personale, Heczko suggerisce alcuni provvedimenti che devono essere messi in atto per prevenire e "curare " il *burnout*: non aver paura di ascoltare la verità, lasciarsi consigliare dagli amici e dai professionisti; nutrire la speranza dell'aiuto di Dio, confidare nel suo amore e nella sua parola più che nelle proprie sensazioni negative; cambiare (o almeno modificare in gran parte) il proprio stile di vita, ponendo l'attenzione all'alimentazione, all'esercizio fisico, al giusto riposo; capire e accettare che la cura è un processo lungo e che i sintomi possono ripresentarsi nel tempo; non rimanere da solo con i propri pensieri e non chiudersi del tutto, ma nel contempo limitare contatti interpersonali a quelli che "riescano rigenerare l'animo"; non accusare Dio, non piangersi addosso, ma nonostante le difficoltà confidare nella fedeltà di Dio e nella presenza costante di Cristo (Mt 28, 20). Cfr. KŘIVOHLAVÝ J., *Hořet, ale nevyhořet*, Karmelitánské nakladatelství, Kostelní Vydří 2012, p. 93.

vulnerabili, ricavando il meglio dei pregi e lavorando sui difetti. Fondamentale è prendersi del tempo per sé. Amare un po' di più se stessi non è una scelta egoistica. Significa accettare profondamente quello che si è. Significa saper valutare in maniera realistica le proprie risorse, riservando lo spazio dovuto per la propria rigenerazione e riconquista dell'equilibrio interiore. Significa anche sapere smascherare puntualmente le proprie illusioni che fanno credere di poter far fronte ad ogni difficoltà con le forze e competenze illimitate.

Il *burnout* è meglio prevenirlo che curarlo, ma non si può prevenire ciò che non si conosce e di cui non si parla. La prevenzione del *burnout* comincia col parlarne già nel momento della formazione e della preparazione professionale degli operatori delle *helping professions*.

Nel *burnout* i fattori in gioco sono molti e diversi. Interessano le persone stesse e il contesto in cui esse lavorano e vivono. Le strategie per risolverlo o prevenirlo devono focalizzarsi dunque contemporaneamente sull'individuo, sul suo contesto lavorativo e sulle relazioni interpersonali. Sono aspetti che si possono distinguere ma non separare: l'individuo si esprime nelle sue relazioni e si mette in gioco nell'ambiente in cui lavora.

Coerentemente con il modello psicosociale di *burnout*, che lo definisce come una sindrome multifattoriale, determinata da variabili individuali assieme ai fattori socio-ambientali e lavorativi, l'azione preventiva va attuata a diversi livelli:

- *livello organizzativo*: riprendendo lo schema della Maslach sulle discrepanze, fra l'individuo e l'organizzazione a livello di una situazione lavorativa abbiamo automaticamente, formulandone il contrario, le soluzioni: sovraccarico di lavoro/carico di lavoro sostenibile, mancanza di controllo/sentimento di scelta e di controllo, remunerazione insufficiente/riconoscimento e ricompensa, crollo del senso di appartenenza comunitario/senso di appartenenza a una comunità, assenza di equità/equità, rispetto e giustizia, valori contrastanti/lavoro ricco di significato e di valori.

  Come sostiene la Maslach l'auto miglioramento da solo non è sufficiente per vincere il *burnout*. Per risolvere le discrepanze tra la persona e il lavoro, è necessario focalizzarsi sia sull'individuo sia sul luogo di lavoro. La sindrome del *burnout* esprime un deterioramento che colpisce i valori, la dignità, lo spirito e la volontà delle persone; esprime cioè una corrosione dell'animo umano. Partendo da questo presupposto, per prevenire la sindrome, bisogna promuovere i valori umani all'interno del mondo del lavoro e creare un sistema che si occupi di risolvere i continui conflitti di valore nelle organizzazioni, rendendole più sensibili nei confronti delle persone;

- *livello istituzionale*: nella gestione quotidiana del "prendersi cura degli altri" è importante evitare l'ipercoinvolgimento e modulare la distanza tra operatore e utente, con una particolare attenzione alla qualità della relazione. Tutti gli autori sono concordi nel suggerire agli operatori modalità di gestione delle proprie energie e una forma di "egoismo responsabile". Stabilire orari, turni, vacanze adeguate, può essere considerato un fattore di prevenzione. Poiché il lavoro si svolge all'interno di gruppi di lavoro, diviene cruciale un continuo interscambio che permette una riflessione e una trasmissione della propria esperienza, anche della più frustrante, permettendone la verifica e la restaurazione[44]. La coesione del gruppo di lavoro appare inoltre un fattore protettivo nei confronti del *burnout*: gruppi coesi rappresentano più elevati livelli di comunicazione, anche emozionale; all'interno di essi l'etica del lavoro e la soddisfazione lavorativa appaiono più sviluppate. L'attenzione alla cura del contenitore istituzionale ha dunque ripercussioni positive sia sulla qualità del lavoro degli operatori che sulla soddisfazione dei clienti;
- *livello personale*: nelle professioni di aiuto bisogna tenere presente che l'operatore è obbligato a confrontarsi frequentemente con la difficoltà di attribuzione di un senso agli avvenimenti, spesso traumatici e difficili, della vita umana. A livello personale l'azione preventiva nei confronti del *burnout* si esprime in una presa di consapevolezza delle proprie emozioni e dei processi in cui si è inseriti e di quelli che si contribuisce ad attivare. L'operatore di aiuto può imparare a gestire, direzionare ed esprimere il proprio sentire in modo da interrompere la spirale negativa da cui si sente travolto. Dare un nome alle emozioni diventa fondamentale per potersi distaccare dalla situazione, padroneggiarla intellettualmente e, allargando la conoscenza, ricercare un adattamento soddisfacente, efficace e adatto alle proprie forze.

---

[44] POTERZIO F, MAZZZARIOL M., *Il burnout e le nevrosi noogene*, in "Rivista Sperimentale di Freniatria", 121, 1997, pp. 600-642.

Tale riflessione risulta meno gravosa per chi abbia sviluppato una propria elaborazione personale in merito ai fondamentali nodi dell'esistenza umana (amore, vita, ma soprattutto dolore e morte). In caso contrario il soggetto, che è necessariamente esposto a continue sollecitazioni interrogative in merito a tali argomenti, produce inevitabilmente conflittualità e disagio spirituale. La prevenzione del fenomeno del *burnout* richiede che non si verifichi un investimento eccessivo in campo lavorativo a scapito di relazioni affettive e famigliari. È necessario che il soggetto sappia mantenere la giusta distanza tra il coinvolgimento suscitato dai problemi lavorativi e la propria vita privata. Se vi è uno sbilanciamento di energie investite tra il quotidiano e il mondo del lavoro e soprattutto, se manca una reale rete affettiva, non avviene il necessario rifornimento energetico per affrontare gli stress lavorativi. Risulta quindi importante avere molteplici interessi extra lavorativi, il sostegno famigliare e un'adeguata rete relazionale interpersonale.

Importante è, inoltre, lavorare su ideali, aspettative e domande sul lavoro, chiarire il proprio ruolo, negoziarlo con gli altri e adattarlo "creativamente" alle nuove domande, scoprendo nuove risorse e ottenendo il controllo della situazione.

Nel contesto della prevenzione del *burnout* di grande aiuto risulta la presenza di un'adeguata rete affettiva. Le ricerche hanno suggerito vari modelli d'azione e d'influenza delle relazioni di sostegno attraverso le quali si esplicherebbe l'azione positiva e tutelatrice della salute: due dei modelli esemplificativi sono quello d'azione diretto e quello d'azione indiretto[45]:

- modello d'azione diretto: il sostegno può influire positivamente sulla salute anche indipendentemente dalla presenza di stress di vita. Si ipotizza che il poter contare su un'adeguata rete sociale supportiva sia fonte di benessere fisico e psicologico;
- modello d'azione indiretto (o modello tampone): nella sequenza stress-sostegno-salute, il sostegno argina e modula le conseguenze dello stress sulla salute in vario modo, può:
  a) modificare il significato dell'evento stressante (ad es. un soggetto che gode di alcune relazioni di sostegno può essere aiutato nello sdrammatizzare gli eventi);
  b) favorire nuove strategie per affrontare gli eventi;

---

[45] BANDOLATO G., *Le donne nelle professioni d'aiuto. Una ricerca sul burnout femminile*, Borla, Roma 1993.

c) aumentare le difese contro le emozioni negative scatenate dall'evento (le emozioni sono contenute ed elaborate);

d) potenziare le difese adattive migliori che si mantengono efficaci anche molto dopo l'evento stressante.

È importante notare che, le strategie di prevenzione del *burnout* sono in parte legate alla responsabilità di ogni operatore delle *helping professions* e in parte legate ai doveri dell'organizzazione che lo assume. In questo contesto possiamo parlare della prevenzione primaria e secondaria.

La prevenzione primaria consiste nell'individuare gli operatori "a rischio *burnout*" nel momento della selezione del personale[46], con la loro successiva esclusione da un progetto lavorativo con alto rischio di *burnout*, oppure nella costruzione di un progetto individuale di prevenzione per ciascun operatore "a rischio".

La prevenzione secondaria, che spetta il datore di lavoro, si sviluppa su un duplice versante e si esprime tramite:

1. l'introduzione delle tecniche specifiche di prevenzione che, secondo Mosher e Burti[47] possono essere articolate come:
   - esercizi didattici mirati: l'equipe segue degli esercizi didattici centrati su argomenti specifici nell'ambito dei quali lo specialista può trasmettere nuove conoscenze e tecniche finalizzate a ridurre lo stress professionale;
   - gruppo per la soluzione dei problemi (staff): lo staff si riunisce in gruppi e affronta i problemi sorti tra gli operatori. Vengono considerati questi incontri come una forma di "terapia" dove si possono chiarire e confrontare;

---

[46] Lederberg ha ipotizzato 5 criteri generali per la scelta del personale: presenza di competenze cognitive e psicologiche di base; presenza competenze tecniche di base; presenza di buone competenze comunicative e relazionali; presenza di capacità di adattamento alle perdite e di gestione dello stress; presenza di un buon sistema di supporto sociale. Cfr. LEDERBERG M., *Psychological problems of staff and their management*, in HOLLAND J.C., ROWLAND J.C. (eds.), *Handbook of psychooncology*, Oxford University Press, New York 1989, pp. 631-646.

[47] MOSHER L.R., BURTI L., *Psychiatria territoriale*, Fetrinelli Editore, Milano 1991.

- discussione dei casi problematici con un consulente: periodicamente l'equipe si riunisce per discutere i casi più difficili e complessi. L'obiettivo è quello di far emergere un "consenso di gruppo";
- apprendimento di nuove tecniche: l'apprendimento di nuove tecniche educative può avvenire in occasione di esercizi didattici mirati durante una discussione o supervisione di un caso clinico; l'importante è mettere in atto le nuove tecniche scoperte;
- supervisione: il monitoraggio delle condizioni psichiche degli operatori;
- feste/eventi con la partecipazione dei membri dello staff: assicurano la coesione, la fiducia e il rispetto reciproco all'interno dell'equipe;
- amicizie: i rapporti di amicizia al di fuori del setting rappresentano un altro metodo di prevenzione del *burnout*.

2. la presenza dei dirigenti/responsabili che, secondo Bernstein e Halaszyn[48], devono essere:
   - accessibili ai membri dello staff;
   - coerenti nelle loro dichiarazioni e decisioni;
   - chiarire gli obiettivi del servizio e i poteri degli operatori;
   - rispettare tutti, anche gli operatori stessi, nelle loro decisioni non consone alle proprie aspettative;
   - coinvolgere il più possibile gli operatori nelle decisioni;
   - fornire un "feedback" completo ed efficace, che dovrebbe essere: proattivo, limitarsi ad una situazione specifica, tenere da parte i sentimenti del dirigente/responsabile.

La parola chiave nella prevenzione del *burnout* è professionalità. Più un operatore è professionale nei confronti degli utenti, maggiori sono le probabilità che non vada in *burnout*. La "professionalità" comprende, tra le altre cose: rispetto, cortesia, assenza di giudizi morali, concretezza, interventi il meno invasivi possibile, atteggiamento proattivo, assenza di coinvolgimento sentimentale.

---

[48] Cfr. BERNSTEIN G. S., HALASZYN J. A., *Io, operatore sociale. Come vincere il burn-out e rendere gratificante il mio lavoro*, Edizioni Erickson, Trento 1993.

Se riteniamo il *burnout* non solo come un sintomo di una sofferenza individuale collegata all'attività di lavoro, ma anche come un possibile indicatore di inadeguatezze organizzative nel mondo di lavoro, allora occorre mettere in pratica le adeguate strategie aziendali ed elaborare altre indicazioni operative:

1. sviluppare e formare lo staff in maniera permanente;
2. ridurre le richieste imposte agli operatori da loro stessi, invitando al ridimensionamento delle proprie aspettative (la componente onirico-idealista del proprio lavoro);
3. incoraggiare gli operatori ad adottare nuovi obiettivi che possano fornire alternative di gratificazione;
4. aiutare gli operatori a sviluppare e utilizzare meccanismi di controllo e di feed-back sensibili con un vantaggio a breve termine;
5. fornire frequenti possibilità di training per incrementare l'efficienza del ruolo;
6. insegnare allo staff a difendersi mediante strategie quali lo studio del tempo e le tecniche di strutturazione del tempo;
7. orientare il nuovo staff fornendo un libretto che descriva realisticamente le frustrazioni e difficoltà tipiche che insorgono sul lavoro;
8. fornire periodici "controlli del *burnout*" a tutto lo staff; fornire consulenza centrata sul lavoro o incontri per lo staff che sta sperimentando elevati livelli di stress nel proprio lavoro;
9. incoraggiare lo sviluppo di gruppi di sostegno e/o sistemi di scambio di risorse;
10. cambiare, ove possibile, il posto di lavoro e la struttura di responsabilità all'interno della stessa azienda lavorativa;
11. pianificare ogni giorno in modo che le attività gratificanti e quelle non gratificanti siano alternate;
12. strutturare i ruoli in modo da permettere agli operatori di prendersi "periodi di riposo" quando è necessario;
13. utilizzare personale ausiliario (e volontari) per fornire allo staff ordinario possibilità di riposo;
14. incoraggiare gli operatori a prendersi frequenti vacanze, anche con un breve preavviso se necessario;

15. limitare il numero di ore di lavoro di ogni membro dello staff;
16. dare a ogni membro dello staff la possibilità di creare nuovi programmi;
17. costituire varie fasi di carriera per tutto lo staff;
18. creare programmi di training e sviluppo per il personale attuale e futuro che si dedica alla supervisione;
19. creare sistemi di controllo per i supervisori, quali indagini tra lo staff, e fornire al personale della supervisione un feed-back regolare sulle loro prestazioni;
20. controllare la tensione di ruolo nei supervisori e intervenire quando essa diventa eccessiva;
21. creare meccanismi formali di gruppo per la soluzione del problema organizzativo e la risoluzione del conflitto;
22. organizzare training per la risoluzione del conflitto e la soluzione dei problemi di gruppo per tutto lo staff;
23. accentuare l'autonomia dello staff e la partecipazione alle decisioni;
24. rendere gli obiettivi chiari e compatibili per quanto possibile;
25. sviluppare un forte e originale modello di gestione (incrementare la consapevolezza di avere scopi comuni).

Contemporaneamente si possono adottare le strategie personali per la prevenzione del *burnout*, che consistono nel:

1. calibrare/ridurre orario/ritmo/carico lavorativo;
2. adattarsi con prudenza al lavoro;
3. non affrontare con superficialità gli stress anche se legati agli svaghi;
4. non scegliersi un secondo lavoro o un passatempo con carichi di lavoro eccessivi e più stressanti del lavoro principale;
5. aiutare gli altri (utenti nell'ambito lavorativo), comportandosi possibilmente "in maniera assertiva" (senza iperattività emozionale e senza cedere a simpatie e antipatie);
6. porre l'attenzione alle "ventate di entusiasmi e deliri di onnipotenza" che scompaiono velocemente davanti al mancato apprezzamento da parte degli altri;

7. fare attenzione alla ricerca spasmodica di un modello perfetto e universalmente valido del proprio agire professionale;
8. non abusare di fumo e/o alcol nei momenti di tensione;
9. non usare droghe per "tirarsi su di morale" o psicofarmaci come automedicazione;
10. porre attenzione alle sfide per essere all'altezza del compito;
11. fare attenzione nel riporre le speranze di successo nell'astuzia, nel caso e nel gioco;
12. curare l'incontro con parenti e amici; coltivare le relazioni professionali e sociali;
13. coinvolgersi nelle attività alternative al mondo lavorativo (la lettura, l'arte, lo spettacolo, le scienze, la spiritualità);
14. curare nelle linee fondamentali l'aspetto esteriore e la salute fisica (abbigliamento, alimentazione, estetica corporea, attività fisica, prevenzione delle malattie);
15. curare l'interesse per l'ambiente di vita (casa, arredamento, giardinaggio, ecc.);
16. riservare anche un po' di tempo per rigeneranti momenti personali (incontri, spostamenti, escursioni, viaggi, ecc.).

11. Ruolo della formazione nella prevenzione del *burnout* negli operatori delle *helping professions*

Gli operatori delle *helping professions* vengono formati per fornire eccellenti performance, e miglior assistenza possibile agli utenti, ma spesso non vengono preparati ad affrontare i contatti intensi ed emotivamente esaustivi con utenti esigenti. Le capacità interpersonali durante la formazione degli operatori d'aiuto non vengono considerate una priorità, ma soltanto un veicolo per fornire all'utente le prestazioni professionali. Questo, come sottolinea Maslach[49], toglie significato ad un aspetto importante della relazione tra utente e operatore, perché non viene riconosciuto che entrambi siano esseri umani, e i loro atteggiamenti possono influenzare, non solo le modalità dell'aiuto ma anche il modo in cui esso viene accettato o respinto.

Al pari della preparazione professionale risulta importante quindi una formazione umana e relazionale, capace di fornire agli operatori di *helping professions* gli strumenti necessari per riconoscere in tempo il sovraccarico lavorativo e trovare giuste modalità di un "terapeutico" distacco dal lavoro.

La mancanza di formazione adeguata in questo settore spesso affonda le sue radici nella convinzione che le capacità necessarie non possano essere insegnate in maniera teorica. C'è chi afferma che le tecniche relazionali dovrebbero essere apprese durante il *training,* con la diretta partecipazione di utenti o ex-utenti. Infatti, sono proprio loro che posseggono una buona parte delle informazioni sulle cause di confusione o conflitto nella relazione, quindi sono in grado di indicare le tipologie di relazione che hanno maggior successo o conducano ai miglioramenti desiderati. La relazione con le persone che chiedono aiuto è spesso contrassegnata dalla molteplicità di richieste; esige una notevole flessibilità mentale e competenze estese in diversi settori. Per questo motivo un modello di intervento formativo nel campo relazionale dovrebbe tenere conto della diversità di tali richieste, della non omogeneità degli utenti e della specificità della preparazione professionale preesistente dell'operatore. L'esercizio pratico tramite un *training* adeguato può aprire nuove prospettive nella prevenzione del *burnout.*

[49] MASLACH C., *La sindrome del burnout il prezzo dell'aiuto agli altri*, Cittadella Editrice, Assisi 1992.

12. Training del comportamento assertivo come strategia nella prevenzione del *burnout*

L'assertività è la capacità di esprimere in modo chiaro ed efficace i propri pensieri, opinioni e sentimenti, far valere i propri diritti nel rispetto degli altri, senza prevaricare né essere prevaricati. Avere un comportamento assertivo significa avere un comportamento socialmente e professionalmente competente, dimostrare cioè una buona padronanza della situazione sia nell'ambito privato che lavorativo, assumendo un comportamento che rappresenti la miglior soluzione nella situazione che va affrontata.

Lo stile assertivo non è innato e deve quindi essere appreso e migliorato durante l'arco della vita attraverso l'esercizio pratico, sulla base di nozioni teoriche precedentemente fornite. Questo permette di raggiungere un equilibrio interiore senza prevaricare e senza soffocare se stessi. Aiuta a gestire nel miglior modo le relazioni famigliari, amicali, affettive o lavorative.

Il training di assertività può essere considerato un insieme di procedure e tecniche per conoscere e migliorare il proprio stile relazionale e per modificare il proprio comportamento, in base ai propri obiettivi e valori, al fine di favorire buone relazioni e una buona stima di sé.

La formazione assertiva all'interno del gruppo facilita la conoscenza articolata del proprio stile comportamentale (passivo, aggressivo o assertivo) e stimola la consapevolezza dei sentimenti e delle motivazioni in gioco. Garantisce un ambiente protetto, ma nel contempo reale, dove esercitarsi in una solida rete di relazioni umane. Costringe a un confronto con la realtà esterna a sé e crea un'opportunità unica per integrare le nozioni provenienti dai feedback del gruppo. Permette un lavoro di insieme e il perseguimento di obiettivi altrimenti non realizzabili individualmente. Il gruppo diventa così "palestra" dell'allenamento assertivo per l'individuo.

I percorsi tesi a migliorare l'assertività degli operatori delle professioni di aiuto in ottica della prevenzione del *burnout*, potrebbero focalizzarsi sulla comunicazione efficace con gli altri e sulla conoscenza approfondita del proprio stile comunicativo. Inoltre, potrebbero includere alcune tematiche riguardanti: componenti dell'assertività; aspetti verbali della comunicazione; abilità non verbali (postura, contatto oculare, mimica, etc.) e comunicazione attiva; sviluppo di abilità protettive; capacità di affrontare in maniera positiva le critiche; espressione dei sentimenti positivi (fare e ricevere complimenti); lavoro con le idee irrazionali; conoscenza dei diritti assertivi ed esercizi per lo sviluppo di autostima.

1° Percorso: sviluppo delle abilità verbali di comunicazione

Obiettivo del training

- Acquisire l'abilità di iniziare, sostenere e concludere una conversazione in modo efficace per favorire soddisfacenti e gratificanti relazioni personali.

Il conduttore introduce il tema in maniera teorica

Le abilità verbali di conversazione riguardano principalmente i seguenti aspetti della comunicazione:

1. **domande chiuse:** servono per ottenere informazioni specifiche e prevedono una risposta breve. Esempio: "Quando sei tornato, ieri sera?"; "Dove vai a mangiare?"; "Sei invitato anche tu alla festa?" "Hai parlato già con Elena?".
2. **domande aperte**: servono a stimolare una risposta, consentono di ottenere una maggiore quantità di informazioni dall'interlocutore e danno maggiori probabilità di continuare liberamente la conversazione. Esempio: "Cosa è successo a Gianni?"; "Quale soluzione vedi?"; "Raccontami come è andata ieri sera".
3. **libera informazione:** è tutto ciò che viene detto in più di quanto è stato chiesto. Offre nuovi spunti all'interlocutore perché possa, se vuole, prolungare la conversazione e fornire ulteriori informazioni.
4. **autoapertura:** consiste nell'aprirsi all'altro chiarendo la natura dei propri sentimenti o svelando una particolare difficoltà. Crea una situazione di maggiore coinvolgimento e di calore umano. Esempio: "Quando ricordo questo giorno, mi sento un po' triste"; "Anch'io ho vissuto le stesse difficoltà".

Esercizi pratici sulle abilità verbali di comunicazione

Esercizio 1: I membri del gruppo si dividono in copie. Una persona cerca di simulare un dialogo che comprenda tutte le quattro abilità sopraelencate. Dopo aver scambiato il ruolo, ambedue condividono le proprie impressioni.

Esercizio 2: In coppie. Una persona cerca di formulare nella conversazione, su un argomento concordato, le domande aperte o chiuse. L'esercizio si ripete cambiando la persona e l'argomento della conversazione. Segue il momento di condivisione.

Esercizio 3: All'interno del gruppo, con l'aiuto del conduttore, si formano le coppie tra le persone che prima non si conoscevano. La prima persona cerca di fare la conoscenza dell'altra, fornendo le informazioni e chiedendole in maniera assertiva. In seguito si scambiano i ruoli. Segue il momento di condivisione in gruppo.

Esercizio 4: Tra i membri del gruppo si scelgono due protagonisti. Davanti a tutti il primo protagonista cerca di prolungare una conversazione a cui tiene, usando diverse strategie comunicative e vari tipi di domande. In seguito il secondo protagonista cerca di chiudere una conversazione (ad esempio: un colloquio telefonico immaginario) che l'altro vuole prolungare. Segue la discussione plenaria.

Esercizio 5: Due membri del gruppo simulano davanti a tutti un colloquio sul tema suggerito dal conduttore. In seguito il gruppo cerca di individuare e commentare le abilità comunicative usate.

2° Percorso: sviluppo delle abilità non verbali di comunicazione

Obiettivi del training

- Sviluppare/migliorare la comunicazione non verbale
- Acquisire la consapevolezza delle proprie reazioni ai messaggi non verbali altrui

Il conduttore introduce il tema in maniera teorica

I componenti non verbali della comunicazione non sono nettamente separabili tra di loro e si influenzano vicendevolmente, creando nell'interlocutore che abbiamo di fronte la sensazione di viva partecipazione nella relazione oppure di un distacco emotivo. Le forme di comunicazione non verbale, particolarmente importanti nel comportamento assertivo includono:

1. **La paralinguistica,** caratterizzata da queste caratteristiche:
   - il tono della voce viene influenzato da fattori fisiologici (età, costituzione fisica) e dal contesto. Può esprimere apprezzamento o disappunto, entusiasmo o apatia, interesse o noia;
   - il volume corrisponde all'intensità sonora e serve a sottolineare i concetti o a ridestare l'attenzione. Spesso è influenzato dal contesto sociale del colloquio;
   - il ritmo del discorso serve a dare più o meno incisività ai concetti espressi. Conferisce maggiore o minore autorevolezza alle parole pronunciate: parlare ad un ritmo lento, inserendo delle pause tra una frase e l'altra, dà un tono di solennità a ciò che si dice; al contrario parlare ad un ritmo elevato attribuisce poca importanza alle parole pronunciate. Nell'analisi del ritmo nel sistema paralinguistico va considerata l'importanza delle pause, che vengono distinte in pause vuote e pause piene. Le pause vuote rappresentano il silenzio tra una frase e l'altra, quelle piene le tipiche interiezioni (mmm, beh, etc.) prive di significato verbale, inserite tra una frase e l'altra;
   - il silenzio rappresenta una forma di comunicazione nel sistema paralinguistico, e le sue caratteristiche possono essere fortemente ambivalenti: il silenzio tra due innamorati ha ovviamente un significato molto diverso rispetto al silenzio tra due persone che si ignorano. Ma anche in questo caso gli aspetti sociali e gerarchici hanno una parte fondamentale: un professore che parla alla classe o un ufficiale che si rivolge alle truppe parleranno nel generale silenzio, considerato una forma di rispetto per il ruolo ricoperto dalla persona che parla.
2. **La cinesica** (dal greco *kinesis*, movimento) che descrive alcuni atti comunicativi espressi dai movimenti del corpo ("linguaggio del corpo"), tra cui:
   - il contatto visivo (movimenti oculari) che nella comunicazione non verbale tra due persone ha una pluralità di significati: dal comunicare interesse e amore, all'espressione di sfida o comunicazione del disprezzo.

Lo sguardo si inserisce nelle globalità delle espressioni del volto e può trasmettere un ampio ventaglio dei messaggi. Nella conversazione lo sguardo ha la funzione di sincronizzare (evitare le sovrapposizioni e favorire l'avvicendamento dei turni), di monitoraggio (controllo dell'interazione) e di segnalazione (manifestazione delle proprie intenzioni). Lo sguardo è anche usato per avviare incontri, per salutare, per avvertire che si è capita un'idea espressa dal nostro interlocutore;

- la mimica facciale. Non tutto ciò che viene comunicato tramite le espressioni del volto è sotto il nostro controllo (ad esempio l'arrossire o l'impallidire). La gran parte delle espressioni facciali sono, ad ogni modo, assolutamente volontarie e adattabili a nostro piacimento alle circostanze. Molto importante è il movimento delle palpebre e sopracciglia correlato allo sguardo, che avviene per un periodo di tempo quasi impercettibile (micro espressioni) e che si ha di solito in situazioni di corteggiamento. La diversa interpretazione delle espressioni facciali nelle varie culture è uno dei campi di studio più considerati nella storia delle scienze della comunicazione;
- i gesti: la gestualità manuale può essere un'utile sottolineatura delle parole, e ne rafforzano il significato, ma anche forniscono una chiave di lettura differente dal significato del messaggio espresso verbalmente;
- i cenni del capo, pur se apparentemente trascurabili, sono molto importanti in quanto indicatori necessari al procedere dell'interazione. Un cenno del capo fatto da chi ascolta è percepito generalmente dal parlante come assenso e partecipazione a ciò che sta dicendo. Svolge un ruolo importante nella sincronizzazione del discorso fra due interlocutori;
- la postura: la posizione del corpo si esprime a seconda del contesto sociale e le circostanze della comunicazione, talvolta identificando con precisione la posizione corretta da mantenere in una data circostanza (i militari sull'attenti di fronte ad un superiore), talvolta in maniera meno codificata, ma comunque necessaria (una postura corretta e dignitosa di un alunno in classe di fronte al professore).

3. **La prossemica** che analizza i messaggi inviati con l'occupazione dello spazio. Elementi da considerare per valutare il modo con il quale gestiamo lo spazio sono:

- la distanza tra gli interlocutori;
- l'orientazione (la posizione reciproca delle persone);
- il modo di muoversi nell'ambiente;
- l'organizzazione dello spazio e degli oggetti.

4. **L'aptica** (dal gr. *haptós* – "palpabile", *haptikós* "adatto al tatto") che analizza i messaggi comunicativi espressi tramite contatto fisico (il tatto). Si può definire il sistema aptico come la sensibilità dell'individuo verso il mondo adiacente al suo corpo. Esiste, infatti, uno stretto nesso tra la percezione aptica e i movimenti del corpo. La percezione aptica deriva dalla combinazione tra la percezione tattile prodotta dal contatto dell'oggetto con la superficie della pelle (si percepisce la conformazione, la rugosità e il calore della superficie degli oggetti) e la posizione e il movimento della mano rispetto all'oggetto. Nella comunicazione aptica esistono le forme comunicative codificate (la stretta di mano, il bacio sulle guance come saluto ad amici e parenti), e altre di natura più spontanea (un abbraccio, una pacca sulla spalla).

   L'aptica è un campo nel quale le differenze culturali rivestono un ruolo centrale: ad esempio la quantità di contatto fisico presente nei rapporti interpersonali fra le persone di cultura sud-europea verrebbe considerata come una violenta forma di invadenza dai popoli nord-europei.

Esercizi pratici delle abilità non verbali

Dopo l'esposizione teorica, il conduttore invita i partecipanti a esercitarsi in un gioco di ruolo (*role playing*), mettendo in pratica gli elementi di comunicazione non verbale.

Mantenere il contatto oculare

Esercizio 1: Tutto il gruppo passeggia per la stanza e allo stop del conduttore ci si ferma davanti a una persona guardandola negli occhi, o il viso, o lo spazio più vicino al viso, per un minuto. Lo sguardo deve essere esplorativo. Dopo il tempo stabilito i protagonisti delle coppie verbalizzano le loro sensazioni.

Esercizio 2: I membri del gruppo si dividono in coppie. Una delle persone dice una frase all'altra guardandola negli occhi. Poi ripete la stessa frase senza il contatto oculare. In seguito le persone si scambiano i ruoli. Alla fine parlano delle loro sensazioni.

Mimica facciale

Esercizio 1: I membri del gruppo si dividono in coppie. Mentre una persona tramite la mimica facciale esprime le emozioni, l'altra a mo' di specchio la imita. Alla fine si raccontano le loro sensazioni.

Esercizio 2: Si preparano dei biglietti con le parole che descrivono le emozioni di base. Una persona del gruppo esprime con la mimica facciale l'emozione trascritta. Il gruppo indovina di che emozione si tratta. Durante la discussione finale si commenta le eventuali difficoltà o le ambiguità nel decifrare correttamente le emozioni.

Gestualità

Esercizio 1: Ogni membro del gruppo trova un compagno/a. In seguito cerca di far capire che cosa si vuol comunicare, senza utilizzare le parole (scena mimata). In seguito si invertono i ruoli. Segue discussione plenaria sulle difficolta dell'esercizio.

Esercizio 2: Un membro scelto dal gruppo ceca di descrivere davanti a tutti, utilizzando la gestualità, la cucina della propria casa. Alla fine dell'esercizio l'attore divide con tutti le sue difficoltà nel eseguire l'esercizio. Segue la discussione plenaria.

Tono e volume della voce

Esercizio 1: Un volontario del gruppo cerca di dire "sì" con intonazioni diverse e di rispondere "no" con la stessa intonazione. Segue il feedback del gruppo.

Esercizio 2: Ripetere una stessa frase di contenuto neutro con varie intonazioni vocali (ad esempio: L'Italia fa parte della Comunità Europea). Segue la discussione plenaria sul contenuto emotivo del messaggio.

Postura/posizione del corpo

Esercizio 1: Il gruppo si divide in coppie. Si simula una situazione relazionale con il corpo in posizione di chiusura (seduti con le braccia conserte e le gambe incrociate) poi la stessa situazione con il corpo in posizione di disponibilità relazionale o di apertura (posizione eretta con le braccia rilassate lungo l'asse del corpo). Segue il confronto verbale tra i protagonisti.

Spazio corporeo

Esercizio 1A: Il gruppo si divide in coppie. Una persona si mette davanti all'altra a distanza di 1 metro (zona personale in prossemica) e racconta per 5 minuti un evento importante che ha vissuto ultimamente. In seguito le persone in coppia scambiano il posto.

Esercizio 1B: Stessi protagonisti ripetono l'esercizio mantenendo la distanza di 45 centimetri (zona intima in prossemica) tra una persona e l'altra.

Alla fine degli esercizi i protagonisti si scambiano feedback, parlando del loro conforto/sconforto durante la comunicazione e delle sensazioni vissute.

Contatto corporeo

Esercizio 1: I membri del gruppo si mettono in cerchio. Un volontario passa salutando con la stretta di mano tutti i partecipanti, differenziando la forza e il tempo del saluto. Segue il confronto verbale tra i partecipanti sull'esperienza vissuta. L'attore principale restituisce il feedback circa le sensazioni avvertite durante il saluto.

Esercizio 2: Il conduttore sceglie le persone per metterle in coppia. Durante il tempo dell'intervallo musicale (4 minuti circa) una persona della coppia abbraccia (in maniera stretta, con due braccia) l'altra. I protagonisti scambiano il ruolo. Segue discussione nel gruppo.

Esercizio 3: Rimanendo in coppie, una persona cerca di confortare l'altro, immaginando che prima dovesse dargli una brutta notizia. Può scegliere liberamente la modalità del contatto corporeo (un abbraccio, una stretta di mano, una carezza, ecc.). Successivamente si scambiano i ruoli. Alla fine gli attori raccontano le sensazioni sperimentate all'interno della copia. In seguito riportano la conclusione in platea.

3° Percorso: sviluppo della comunicazione assertiva

Obiettivo del training

- Imparare a distinguere e conoscere meglio lo stile di comportamento proprio e degli altri

Il conduttore introduce il tema in maniera teorica

Per poter migliorare il proprio comportamento assertivo, sembra utile ricordare le caratteristiche basilari dei tre stili di comportamento (passivo, aggressivo e assertivo)[50].

La persona che agisce con modalità passiva:

- lascia che vengano violati i suoi diritti e che gli altri ne traggano vantaggio;
- non raggiunge i propri obiettivi;
- si sente frustrata, infelice, urtata e ansiosa;
- è inibita e depressa;
- lascia che gli altri scelgano per lei.

La persona che agisce con modalità aggressiva:

- viola i diritti altrui per trarne vantaggio;
- raggiunge i propri obiettivi a spese degli altri;
- è sempre sulle difensive e belligerante; umilia e disprezza gli altri;
- è esplosiva, imprevedibilmente ostile e irata;
- si intromette nelle scelte altrui.

La persona che agisce con modalità assertiva:

- protegge i propri diritti e rispetta i diritti altrui;
- raggiunge i propri obiettivi senza offendere gli altri;
- ha un buon sentimento di sé e un'appropriata fiducia in se stessa;
- è socialmente ed emozionalmente espressiva;
- decide per se stessa.

[50] Le tipologie di comportamento della persona si possono elencare sinteticamente, usando la descrizione proposta in: LIBERMAN R.P., KING L.W., DE RISI W.J., MCCANN M., *Personal effectiveness: Guiding people to assert themselves and improve their social skills*, Research Press, Champaign 1975.

Esercizi pratici per migliorare il proprio stile comunicativo

Dopo l'esposizione teorica del tema, il conduttore invita quattro partecipanti a rappresentare in un gioco di ruolo (*role playing*) le tre modalità comportamentali sopraelencate, in una situazione concreta.

È importante ricordare e mettere in pratica le regole fondamentali di comunicazione interpersonale:

- Guardare in faccia la persona
- Parlare direttamente con l'interlocutore
- Parlare con un volume di voce congruo alla situazione
- Parlare in modo chiaro
- Parlare con velocità moderata
- Lasciare che l'altro finisca di parlare (o formuli una frase di senso compiuto)
- Ascoltare l'interlocutore

Esercizio 1: La fila in banca composta da tre persone. Arriva un'altra persona che chiede di poter passare davanti, senza fornire nessuna spiegazione. Le reazioni verbali di tre persone in fila devono mostrare le varianti di tre modalità di comportamento (passivo, aggressivo e assertivo). Altri partecipanti fungono da "osservatori" dei contenuti e dei processi che la rappresentazione mette in evidenza. Dopo segue la discussione tra i partecipanti dell'intero gruppo.

Esercizio 2: Ognuno dei partecipanti del gruppo osserva con attenzione quando:

- **parla con un'altra persona**: prima si focalizza sul proprio modo di comunicare e il proprio comportamento (e annota le osservazioni); successivamente si focalizza sul modo di comunicare e sul comportamento dell'interlocutore (annota le osservazioni).
- **il suo amico parla con una persona:** osserva l'amico e il suo modo di comunicare; successivamente osserva la persona e il suo modo di comunicare (annota le osservazioni).
- **una persona estranea parla con una commessa al negozio:** osserva la persona e come comunica; in seguito osservo la commessa e come comunica con il cliente (annota le osservazioni).

Esercizio 3: Due persone vengono scelte dal gruppo. Una persona cerca di fare la richiesta all'altra in maniera assertiva. Durante l'esercizio la persona protagonista deve monitorare il proprio comportamento (mantenere il contatto oculare con la persona a cui si sta rivolgendo; guardarla in viso e usare la mimica adeguata; mantenere la corrispondenza tra la comunicazione verbale e quella non verbale). A livello verbale deve cercare di comunicare in maniera chiara che cosa avrebbe piacere che l'altro facesse, esprimere il sentimento che proverebbe qualora l'altro mettesse in pratica quanto richiesto. L'argomento di conversazione può riguardare l'invito al cinema, la richiesta di un favore, di fare una chiacchierata, il bisogno di un consiglio, ecc.

4° Percorso: sviluppo delle abilità protettive

Obiettivi del training

- Comunicare con gli altri in modo più competente ed efficace, incrementando le proprie abilità interpersonali
- Affrontare in maniera assertiva le insistenze e le critiche manipolative o aggressive con l'utilizzo di tecniche atte a salvaguardare la propria dignità, raggiungendo, se possibile, un accordo soddisfacente per entrambi i partner del dialogo

Il conduttore introduce il tema in maniera teorica

La comunicazione assertiva comprende tecniche protettive che aiutano la gestione delle critiche e facilitano il fronteggiamento del comportamento invadente o dell'aggressività altrui. Tra le tecniche principali possiamo annoverare le seguenti:

1. Disco rotto. La tecnica consiste nella ripetizione continua, calma e sistematica di un unico messaggio per dire di no o per difendersi dalle insistenze. Insegna a persistere senza dare giustificazioni o mostrare nervosismo. Si individua il messaggio che vogliamo dare e lo si ripete come fosse un disco rotto. Esempio:

Collega di lavoro: *"Puoi rimanere oggi fino alle ore 20 per finire il nostro resoconto?"*

Paolo: *"Non posso rimanere, ho un impegno."*

Collega di lavoro: *"Lo sai che la tua esperienza è fondamentale"*.

Paolo: *"Non posso rimanere, ho un impegno."*

Collega di lavoro: *"Ma sei sempre così disponibile!"*

Paolo: *"Non posso rimanere, ho un impegno."*

2. Annebbiamento. Consiste nell'agganciarsi a qualche parte della comunicazione dell'altro, riformulando una parte del contenuto, però senza farsi sviare dalle sue argomentazioni e senza cambiare il proprio punto di vista o la decisione. Questa tecnica permette di evitare il ricorso all'aggressività verbale e lo scontro, in quanto si riconosce il valore dell'altro e se ne rispettano le idee, anche se la nostra posizione rimane inamovibile. Esempio: *"Penso che hai ragione, ma..."*; *"È vero, ma..."; "Capisco le tue motivazioni, ma io..."; "Sono d'accordo, però..."*.

3. Discriminazione selettiva. Consiste nella separazione degli argomenti, considerando il fatto che alcune persone hanno l'abitudine a manipolare, adducendo argomenti che non hanno nulla a che fare con ciò di cui si sta parlando. Si risponde a quella parte della critica che possiamo accettare o vogliamo discutere, ignorando il resto. Esempio: "*Partendo dall'affermazione che mi ha più colpito, posso dire che...*".

4. Disarmo dell'aggressività. Consiste nel rimandare la discussione in un altro momento. Se il nostro interlocutore mostra di essere troppo collerico, possiamo disarmarlo esprimendo chiaramente che siamo disposti ad ascoltarlo solo quando si sarà calmato. Così evitiamo di essere manipolati dalla sua rabbia e indotti a rispondere nella stessa maniera. Questa tecnica consente di non proseguire la discussione quando il livello di aggressività sale. Esempio: *"Sono disposto a parlare di questo argomento in un momento più tranquillo"; "Proviamo a riparlarne quando le acque si saranno calmate"*.

5. Asserzione negativa. Consiste nel riconoscere il proprio errore senza giustificazioni o critiche. Questa tecnica viene utilizzata anche per interrompere una comunicazione che non si vuole portare avanti o per smorzare l'aggressività dell'altro in quanto riduce l'ansia in situazioni negative. Esempio: *"È vero! Devo ammetterlo: ho sbagliato"; "Sì, hai ragione"*.

6. Inchiesta negativa. La tecnica usata di fronte a critiche ostili, che consiste nel porre domande per avere informazioni più precise, dettagliando e collocando meglio l'episodio per ridimensionare la critica (contestualizzare la critica). Esempio: *"Mi puoi chiarire: quando è successo il fatto di cui stiamo parlando?"; "Come hai capito la mia intenzione?"; "Perché mi dici questo?"*.

7. Compromesso realizzabile. Consiste nel trovare un compromesso realizzabile, che si possa mettere in atto concretamente senza gravemente nuocere l'interesse di nessuno. Esempio: *"Proviamo a pensare come l'uno può andare incontro all'altro in questa vicenda"; "Hai in mente qualche soluzione che soddisfi ognuno di noi".*

Il conduttore del gruppo può fornire alcuni consigli per risolvere i conflitti in modo assertivo[51].

---

[51] Quando riceviamo una critica spesso reagiamo in modo passivo o aggressivo, perché la "pensiamo" in modo passivo o aggressivo. Per viverla in modo più assertivo sembra utile quanto segue: 1. proviamo a fare un'analisi la più oggettiva possibile del nostro comportamento e confrontiamola con l'oggetto della critica; 2. pensiamo alla critica come a una possibilità di migliorare il nostro comportamento; 3. guardiamo al problema, all'oggetto del miglioramento; 4. non "fantastichiamo" in modo "catastrofico" o altro su improbabili conseguenze della critica; 5. chiediamo che la critica venga fatta in modo da fornire tutti gli elementi per migliorare e imparare, chiediamo scusa quando è il caso.

Se la critica ci sembra motivata, possiamo usare l'asserzione negativa ammettendo il nostro errore, dichiarando che non era nostra intenzione fare o creare quanto accaduto, manifestando la nostra disponibilità a rimediare (ad esempio: "Mi dispiace, non era mia intenzione. Posso rimediare in qualche modo?").

Se la critica ci sembra immotivata possiamo usare l'inchiesta negativa provando a indagare l'opinione dell'altro (ad esempio: "Puoi spiegarmi meglio?"; "Dove pensi che abbia sbagliato?"; "Quando è successo ciò che mi stai rimproverando?"; "Cosa avresti fatto al posto mio?"; "Che cosa non ti è piaciuto?"; "Che cosa avresti voluto che facessi?").

Suggerimenti per risolvere i conflitti in modo assertivo: 1. Collabora con l'altra persona per ottenere un esito del conflitto che sia positivo per entrambi; 2. Mantieni un'idea chiara della persona e di te stesso, a prescindere dalla discussione e dal problema attuale; 3. Fai delle affermazioni chiare, usando il pronome personale "io", per assumerti la responsabilità, delle tue emozioni e delle tue azioni; 4. Evita gli attacchi personali; rimani aderente alla questione specifica; 5. Sii sincero e specifico riguardo alla tua percezione del conflitto e all'esito desiderato, ai fini della comprensione reciproca; 6. Affronta un problema per volta, escludendo l'uso di esempi presi dal passato per illustrare il presente caso. Evita di generalizzare, usando le affermazioni: "tu sempre..." o "tu mai..."; 7. Guardatevi e ascoltatevi reciprocamente: un buon contatto visivo e un atteggiamento corporeo corretto contribuiscono attivamente alla comunicazione; 8. Assicurati che l'altro ti abbia compreso e viceversa, ad esempio dicendo: "Quindi, hai detto che ... Ho capito bene?"; 9. Enfatizza i punti di accordo per agevolare la discussione su quelli discordanti, 10. Usa delle strategie creative per risolvere il conflitto, lasciando fluire le idee più diverse e sperimentando comportamenti nuovi; 11. Scegli, per la discussione, luogo e tempi convenienti per entrambi: preferibilmente un terreno neutrale dove sentirsi a proprio agio; 12. Apprezzatevi vicendevolmente, per ciò che siete e per ciò che fate, a prescindere dal problema che ha creato il conflitto. Cfr. GIUSTI E., TESTI A., *L'assertività. Vincere quasi sempre con le 3 A*, Sovera Edizioni, Roma 2006, pp. 147-148.

Esercizi sull'utilizzo delle abilità protettive

Esercizio 1: Una coppia scelta dal gruppo cerca di utilizzare le abilità di protezione dalle insistenze (annebbiamento, disco rotto, ecc.) nel colloquio sul tema prestabilito. Si chiede al gruppo di riconoscere quale abilità è stata utilizzata. Infine i protagonisti rivelano al gruppo le proprie difficoltà e sensazioni durante l'esercizio, lasciando lo spazio agli interventi di assemblea.

Esercizio 2: Il gruppo si divide in coppie. Durante il *role playing*, un partecipante rivolge all'altro le critiche generiche, manipolative e mirate al suo comportamento. L'altro partecipante deve rispondere utilizzando le abilità protettive. Si chiede al gruppo di riconoscere quale abilità sia stata utilizzata tra quelle sovraesposte.

5° Percorso: espressione di sentimenti negativi e di critiche

Obiettivi del training

- Sviluppare la capacità di esprimere le critiche in maniera assertiva
- Sviluppare la capacità di esprimere il dissenso, cioè di dire "no" senza sensi di colpa
- Difendere meglio i propri diritti, senza ignorare o negare quelli altrui

Il conduttore introduce il tema in maniera teorica

Le critiche assertive servono per fare evolvere le situazioni in modo realistico e soddisfacente, far diminuire le tensioni, cercando di promuovere un benessere comune. Se vogliamo fare una critica in modo assertivo è bene dichiarare l'argomento della critica e parlare in prima persona, mantenendo l'attenzione sul problema e non sull'interlocutore. È importante evitare le critiche dirette alla persona e/o il valore che esse rappresentano, utilizzando esempi poco aderenti alla situazione corrente o relativi a situazioni pregresse non risolte. È bene fare esempi concreti, parlare di fatti e dati, essere specifici e non generici, non insinuare o generalizzare.

La critica andrebbe fatta subito dopo l'accaduto finché nella memoria persiste la sensazione di coerenza (o meno) tra la comunicazione verbale e non verbale e il vivo ricordo della situazione. Questo abbassa la conflittualità, impedendo la divergenza nelle vedute e nel ricordo dei sentimenti evocati a distanza di tempo.

La domanda da porsi prima di fare una critica è: *"È proprio indispensabile che io faccia questa critica in questa situazione?"* poiché una critica è sempre fonte di stress sia per chi la fa, che per chi la riceve.

La critica può essere:

- **di natura aggressiva:** è rivolta alla persona. È generica anziché specifica. Rappresenta una forma aperta di umiliazione, di offesa o accusa. Può essere un modo subdolo di distruggere genericamente la persona. Esempio: *"Sei veramente stupido!!!"; "Sei sempre il solito testardo e non cambi mai!"; "Da anni ti comporti da persona irresponsabile!";*
- **di natura manipolativa:** è una forma di aggressione che agisce dall'interno. Mette la persona nella condizione di non dover tradire l'aspettativa di chi fa la critica o di non perdere la faccia di fronte agli altri. Esempio: *"Non riesci a migliorare per niente, nonostante tutto ciò che faccio per te!"; "Ho fatto tutto questo per te, invece tu non vuoi muovere neanche un dito!";*
- **di natura assertiva:** si focalizza sulla prestazione e non sulla persona. Viene formulata nel rispetto dell'altro fornendo l'alternativa corretta e mostrando la propria disponibilità futura. Porta un cambiamento e apre al dialogo. Segnala ciò che non funziona. È orientata a risolvere le difficoltà. Esempio: *"Ti ho fatto notare le mie perplessità, con la speranza che insieme riusciremo a trovare una buona soluzione per affrontare il problema".*

Possiamo distinguere le seguenti fasi della critica assertiva:

- **descrizione dell'evento/del comportamento oggetto della critica;**
- **espressione del proprio disagio;**
- **richiesta di cambiamento.**

Esercizi sull'utilizzo della critica assertiva ed espressione dei sentimenti negativi

Esercizio 1: Si chiede ai partecipanti di dividersi in coppie e di verbalizzare a turno le critiche assertive, seguendo tre fasi della critica sopraelencate, scegliendo tra argomenti:

- **ritardo ad un appuntamento**

  Esempio di frasi possibili da utilizzare, che esprimono le fasi della critica sopraelencate: "*Sei arrivato tardi*"; "*Mi sono preoccupato, perché pensavo che ti fosse accaduto qualcosa*"; "*Mi piacerebbe che, se dovesse accadere un altro ritardo imprevisto, mi avvisassi in tempo*";

- **disordine nella stanza di utilizzo comune/ufficio**

  Esempio di frasi possibili da utilizzare, che esprimono le fasi della critica: "*Se non mi sbaglio, era il compito tuo di pulire questa settimana*"; "*Mi lascia perplesso questo disordine*"; "*Ti chiedo di buttare via l'immondizia*";

- **prepotenza e prevaricazione nella distribuzione dei compiti lavorativi**

  Esempio di frasi possibili da utilizzare, che esprimono le fasi della critica: "*Qualcuno sembra più favorito dell'altro nella distribuzione delle mansioni*"; "*Non ritengo equa questa decisione*"; "*Chiedo di rivedere insieme la decisione presa*".

Esercizio 2: Si chiede ai partecipanti di dividersi in coppie e di verbalizzare a turno i sentimenti negativi che riguardano un certo comportamento (ad esempio: il fatto di fumare in una stanza chiusa che usano anche i non fumatori), seguendo le tre indicazioni:

- mantenere il contatto oculare con la persona alla quale ci rivolgiamo. Parlare in modo cortese ma fermo, e descrivere chiaramente la situazione/il fatto che ti ha infastidito, contrariato, amareggiato, ecc.;
- mettere in evidenza e descrivere in maniera univoca il sentimento negativo che hai provato, utilizzando la prima persona singolare "Io" (ad esempio, non dire: "*Tu mi hai fatto arrabbiare quando...*", bensì "*Io mi sono sentito arrabbiato quando...*");
- suggerire la modalità possibile da adottare (o un comportamento alternativo) che potrebbe contribuire alla soluzione delle divergenze (ad esempio, formulare una richiesta positiva di ciò che vorresti che la persona alla quale ti rivolgi facesse: "*Mi piacerebbe che la prossima volta tu vada a fumare nella stanza per fumatori che si trova qui accanto*").

6° Percorso: espressione di sentimenti positivi (fare e ricevere un complimento)

Obiettivi del training

- Sviluppare la capacità di formulare il pensiero di apprezzamento e di esprimerlo verbalmente
- Sviluppare la capacità di accettare i complimenti/giudizi positivi

Il conduttore introduce il tema in maniera teorica

Alcune persone quando ricevono dei complimenti mostrano disagio. Appare come se provassero imbarazzo, come se non fossero d'accordo con il complimento, come se dubitassero della sincerità della persona che lo rivolge loro. Alcuni ritengono che l'altro non ami ricevere apprezzamenti. Taluni suppongono che il loro complimento possa risultare malinteso o possa essere considerato adulatorio. Altri ancora non sanno trovare le parole adatte, o preferiscono non manifestare la propria opinione, considerando l'apprezzamento alla stregua di un giudizio, sebbene positivo.

Secondo Rosenberg[52], alcuni tipi di apprezzamento possono allontanare dal contatto con le esperienze di vita e rivelare poco di ciò che la persona che li esprime sta vivendo, pensando, provando. Infatti, si possono fare complimenti e apprezzamenti per manipolare, lusingare o sedurre l'altro. Questi apprezzamenti sono volti a ottenere qualcosa in cambio e non veicolano le esperienze percettive di chi li esprime.

Alcuni complimenti diventano solo un veicolo per portare un altro messaggio. Pensiamo alla situazione in cui, dopo un iniziale apprezzamento, l'interlocutore chiude la frase con un giudizio negativo: "Hai svolto egregiamente questo compito, non me lo sarei aspettato". Questo apprezzamento ha le sembianze di un complimento, ma in realtà il messaggio è intriso di disprezzo: "Oggi ti è andata bene, però altre volte non hai centrato l'obiettivo".

Invece un apprezzamento sincero, che fortifica la relazione e la porta a un livello più elevato, è quello che si usa per festeggiare l'altro e per celebrare il modo in cui, ciò che ha detto o fatto, ha contribuito a far emergere il bene visibile e prezioso per la persona che formula il complimento. Chi riceve questo tipo di apprezzamento, si

---

[52] Cfr. ROSENBERG M.B., *Le parole sono finestre (oppure muri). Introduzione alla comunicazione nonviolenta*, Esserci Edizioni, Reggio Emilia 2017, specie capitolo 14.

accorge che l'altra persona abbia notato qualcosa di positivo e come questo abbia arricchito la sua esperienza di vita. Di questo tipo di apprezzamenti ogni essere umano e tutta la società hanno sete.

L'apprezzamento che è utile e chiaro dovrebbe contenere le informazioni mirate sul:

- **contesto:** *"Il tuo sms di ieri mi ha sollevato";*
- **emozioni e sensazioni:** *"Quando ho sentito il tuo messaggio ero davvero molto felice ed emozionato";*
- **desideri soddisfatti:** *"Mi sono sentita importante e amata da te".*

È importante notare che fare complimenti o apprezzamenti è uno dei rinforzi più potenti, per rinsaldare la relazione interpersonale. Imparare a fare e a ricevere complimenti aiuta la comunicazione e rinforza l'autostima.

Facendo i complimenti si deve porre l'attenzione sia al contenuto di ciò che viene detto che al modo in cui viene detto. È importante:

- guardare in viso la persona accompagnando le parole con la mimica appropriata;
- parlare in modo calmo e amichevole;
- parlare in prima persona (usando i pronomi personali tu, lei, voi);
- assumersi la responsabilità di ciò che si sta dicendo;
- dire esattamente che cosa ci è piaciuto;
- esprimere il proprio apprezzamento per il comportamento osservato;
- esteriorizzare il sentimento/emozione che si è provato in seguito a tale comportamento.

Esempi: *"Quando hai apprezzato pubblicamente il mio lavoro mi sono sentito contento..."; "Ho gradito molto le tue parole a proposito del progetto di riqualifica"; "Il vestito che hai scelto stasera esalta la tua bellezza"; "Mi piace molto il tuo nuovo colore di capelli".*

Quando si riceve il complimento è importante:

- guardare in viso la persona e rivolgersi con il corpo verso di lei;
- ringraziare, decidendo la modalità di espressione della gratitudine (se si è presi alla sprovvista si può usare le risposte semplici, dei classici senza

tempo: “Grazie, lo apprezzo molto”; “Ti ringrazio; è gentile da parte tua”; “Il tuo apprezzamento mi fa molto piacere!”). Se non si condivide il complimento, o emerge il fatto che è stato rivolto con un secondo fine, è bene usare una risposta semplice di ringraziamento (esempio: “Grazie tante!”) per evitare immediati malintesi;

- accettare il complimento senza giustificarsi, spiegando che in realtà non si merita un tale apprezzamento. Non obiettare contraddicendo l’altra persona, perché questo equivarrebbe a insultare la sua opinione e i suoi gusti.
- utilizzare le modalità non verbali di apertura: il sorriso, le mani non conserte che accompagnano con appropriata gestualità l’espressione verbale di gratitudine...

Esercizi sull’espressione dei sentimenti positivi

Esercizio 1: Si chiede ai partecipanti del gruppo di fare un complimento ad ogni membro del gruppo. Alla fine si scambiano dei feedback su quale complimento sia stato il più gradito e perché.

Esercizio 2: Si chiede ai membri del gruppo di fare un cerchio con una persona al centro. Ognuno rivolge un complimento alla persona al centro utilizzando le espressioni indicate. La persona al centro deve solo ringraziare. Si valuta in gruppo quali elementi della sequenza sono stati utilizzati, quali sono stati utilizzati in modo corretto, cosa si poteva essere migliorato e come ci si è sentiti.

7° Percorso: sviluppo delle strategie assertive di *problem solving*

Obiettivi del training

- Acquisire le strategie e modalità assertive di comportamento nei diversi contesti relazionali
- Incrementare il senso di autoefficacia
- Affrontare con maggior fiducia le situazioni problematiche

Il conduttore introduce il tema in maniera teorica

Il *problem solving* consiste nell'insieme di processi e abilità capaci di analizzare, affrontare e risolvere positivamente situazioni problematiche (razionali, relazionali ed emotive). È una tecnica per la gestione dei problemi e dei conflitti da utilizzare anche in gruppo, dove la sincera discussione aiuta a mettere a fuoco il problema/l'obiettivo e a stabilire un piano preciso.

Il metodo *problem solving* prevede le seguenti tappe:

1. Assumere un atteggiamento di calma, non agendo di polso e cercando di valutare la situazione senza agitazione emotiva;
2. Definire con esattezza il problema e l'obiettivo nella maniera più precisa, completa e specifica possibile, discutendolo, se possibile in gruppo, e facendo uso di abilità di ascolto attivo quali:
   - mantenere un buon contatto visivo con la persona che sta parlando;
   - prestare attenzione alle cose che dice;
   - fare cenni del capo o usare termini verbali per mostrare che ci si stia interessando a quanto la persona sta dicendo (per esempio: *"Sì, certo"; "Ho capito"; "Va bene"*);
   - fare domande che permettano di chiarire ulteriormente i contenuti espressi;
   - riformulare quanto ascoltato per verificare se si è capito bene quanto detto.
3. Esprimere tutte le possibili soluzioni/idee a ruota libera (*brain storming*). Tutte le idee, sia buone sia cattive, vanno registrate su un foglio senza commentare. Si blocca in questa fase ogni giudizio sulle idee proposte. Dovrebbero essere raccolte almeno 5 idee.
4. Valutare le soluzioni/idee alternative. Vanno indicati brevemente i vantaggi e gli svantaggi di ogni soluzione.
5. Scegliere la soluzione "più idonea". Si riprendono in considerazione le soluzioni proposte tenendo conto dei vantaggi e svantaggi discussi e delle risorse disponibili. Si individua la soluzione più facilmente e più velocemente applicabile, tenendo conto delle risorse a disposizione, anche se non necessariamente la soluzione ideale.

6. Pianificare per mettere in pratica la soluzione. Si organizza passo per passo un dettagliato piano di attuazione, precisando tutti i punti: Che cosa? Con chi? Come? Quando? Chi verifica l'attuazione del piano? Vale la pena dedicare molto tempo a preparare un piano dettagliato. Si discutono eventuali ostacoli e come superarli. Si stabilisce come verificare i risultati di ciascuna componente del piano. Si definisce quando ridiscutere il piano.
7. Verificare i progressi legati alla soluzione attuata. Verificare l'efficacia della soluzione attuata. Ogni passo del piano viene discusso, sia se è riuscito in modo totale che parziale, le difficoltà incontrate, le modifiche eventuali da introdurre e cosa si è imparato. Ricercare eventuali errori e tornare alle fasi precedenti se il problema rimane. Si può mettere a punto un piano modificato. Mostrare sempre apprezzamento per tutti gli sforzi e i tentativi fatti. Fissare un momento di verifica.

Esercizi sul *problem solving*

Seguendo le fasi del *problem solving*, i membri del gruppo mettono per iscritto.

Fase 1. Qual è esattamente il problema o l'obiettivo?

Discutere del problema o dell'obiettivo finché si è in grado di scrivere precisamente di cosa si tratta. Fare domande ai membri del gruppo per rendere chiaro l'argomento. Suddividere un eventuale problema o obiettivo troppo grande in parti più piccole. Raccogliere informazioni reali sul problema.

……………………………………………………………………………………

…………....

……………………………………………………………………………………

……………

Fase 2. Fare una lista di tutte le possibili soluzioni/idee, discutendone a ruota libera.

Fare una lista di tutte le idee, anche se sembrano cattive o sciocche. Fare in modo che tutti suggeriscano qualcosa. In questa fase le idee vengono elencate senza criticarle.

Più soluzioni alternative si producono, più è probabile che tra esse compaia la soluzione migliore.

……………………………………………………………………………………
…………....

……………………………………………………………………………………
……………

Fase 3. Mettere in evidenza i principali vantaggi e svantaggi.

Fare in modo che il gruppo (o la persona interessata direttamente al problema) elenchi i principali vantaggi e svantaggi relativi a ogni suggerimento. Fare una valutazione delle capacità di chi deve attuare la soluzione, ponendo la domanda: *"Sono in grado di...?"*.

……………………………………………………………………………………
…………....

……………………………………………………………………………………
……………

Fase 4. Scegliere la soluzione più pratica.

Scegliere la soluzione che può essere messa in atto più facilmente con le risorse (tempo, abilità, materiali, soldi, ecc.) che si hanno a disposizione al momento.

……………………………………………………………………………………
…………....

……………………………………………………………………………………
……………

Fase 5. Fare un piano di come mettere in atto la soluzione.

Organizzare le risorse di cui abbiamo bisogno. Stabilire ogni punto. Pensare a come affrontare gli ostacoli prevedibili. Esercitarsi nei passaggi più difficili, allenarsi e simulare la situazione. Individuare un momento di verifica del piano.

……………………………………………………………………………………
…………....

....

....

Fase 6. Accertarsi che quanto stabilito venga attuato e verificare i risultati. Apprezzare tutti gli sforzi che sono stati fatti. Annotare i progressi di ogni passaggio del piano. Se necessario modificare il piano o provare un'altra soluzione. Continuare a lavorare alla soluzione del problema e al raggiungimento dell'obiettivo fin quando il problema non si risolva o l'obiettivo non venga raggiunto.

....

....

....

....

8° Percorso: idee irrazionali

Obiettivi del training

- Conoscere le proprie idee irrazionali
- Affrontare in maniera consapevole le idee irrazionali per esprimere liberamente il comportamento assertivo
- Individuare e riformulare i pensieri irrazionali, per ottenere una modifica del comportamento e degli stati emotivi correlati

Il conduttore introduce il tema in maniera teorica

Le idee irrazionali sono le convinzioni di un individuo e della sua interpretazione della realtà, che influenzano il suo stile comportamentale (in un certo senso precludendo l'assertività).

Albert Ellis, uno degli psicologi fondatori del cognitivismo, nel 1962 iniziò a sviluppare la sua "terapia razionale emotiva" (TRE)[53], che parte dalla seguente ipotesi: non sono gli avvenimenti a generare gli stati emotivi, ma il modo di

[53] ELLIS A., *Reason and Emotion in Psychotherapy,* Lyle Stuart, New York 1962.

interpretarli. Lo scopo di tale terapia è aiutare il cliente a identificare i propri pensieri irrazionali che determinano i suoi disturbi emotivi (stati d'ansia, depressione, ecc.) e comportamentali (abbuffate alimentari, azioni violente, ecc.) e aiutarlo a sostituire tali pensieri con altri più "razionali" o reali, che gli permettano di raggiungere con più efficacia i suoi obiettivi (essere felice, stabilire relazioni con altre persone, ecc.).

Ellis credeva, infatti, che buona parte dei problemi di natura psicologica dipendessero da linee guida di idee irrazionali (determinante è la sequenza: le situazioni – generano i pensieri – che suscitano le emozioni, che influiscono i comportamenti). Per questo motivo se siamo capaci di cambiare i nostri schemi mentali, ovvero le nostre linee guida del pensiero, saremo capaci di generare stati d'animo meno dolorosi, più positivi e in accordo con la realtà. Questo percorso può avvicinarci allo stile di comportamento assertivo.

Ellis elencò diverse convinzioni e le raggruppò in 11 idee irrazionali di base, che potremmo riassumere nel seguente modo[54]:

1. Io essere umano adulto, ho assolutamente bisogno (estrema necessità o esigenza) di venire sempre amato, stimato e approvato da tutte le persone (che io ritengo) significative (importanti) del mio ambiente, altrimenti è gravissimo, orribile, terribile, catastrofico.
2. Io devo assolutamente essere (e/o dimostrarmi) sempre perfettamente adeguato, competente e di successo in tutto quello che faccio e sotto ogni aspetto (o almeno in una cosa specifica) altrimenti sono indegno di valore, valgo poco o niente.
3. Tutte le persone che dico io (compreso me stesso) devono assolutamente comportarsi sempre come dico io (come valuto giusto), altrimenti sono intrinsecamente cattive, malvagie e scellerate, e quindi meritano di essere severamente condannate e punite (anche perché così imparano).
4. Tutte le cose devono assolutamente andare sempre come dico io (come mi piacerebbe o mi sembra giusto che vadano), altrimenti è inaccettabile, intollerabile, insopportabile (io non lo accetto, non lo tollero, non lo sopporto).
5. La mia infelicità (disagio, ansia, depressione, angoscia ecc.) dipende da cause esterne (o esistenzialistiche), e quindi io posso fare poco o niente per

[54] http://psicocognitiva.altervista.org/it/le-idee-irrazionali/terapia-cognitiva/le-idee-irrazionali

cercare di controllare le mie pene e i miei disturbi (oppure: "Io reagisco così, sono fatto così, non posso cambiare, è la mia natura, il mio carattere, la mia personalità").

6. Siccome può succedere (succedermi) qualcosa di brutto, pericoloso o dannoso, allora:
   - mi devo preoccupare in continuazione;
   - pensare che succederà di sicuro;
   - pensare che succederà nelle forme peggiori;
   - pensare che non ci potrò fare nulla;
   - pensare che sarà orribile, terribile, catastrofico.
7. Se qualcosa mi sembra difficile o richiede una mia assunzione di responsabilità, allora mi conviene evitarla piuttosto che affrontarla.
8. Io sono debole (insicuro/a, incapace, emotivamente instabile ecc.) e quindi ho bisogno di qualcuno più forte a cui appoggiarmi e da cui dipendere, altrimenti non ce la posso fare (a vivere, a essere felice, a lavorare, a muovermi, ecc.).
9. Il mio passato (la mia infanzia, le mie esperienze) è la determinante assoluta delle mie condizioni attuali; e se una volta qualcosa ha avuto una forte influenza su di me, allora continuerà per sempre a esercitare lo stesso effetto, quindi non c'è niente da fare.
10. Se qualcuno ha qualche problema o disturbo che gli fa fare qualcosa che non mi piace (che mi sembra sconveniente, irragionevole, dannoso, ingiusto ecc.) allora io mi devo tremendamente sconvolgere per questo motivo.
11. È sempre possibile trovare una soluzione perfetta (o avere una sicurezza assoluta ovvero un controllo completo) di fronte a qualsiasi problema umano, e quindi io la devo assolutamente raggiungere, altrimenti succederanno catastrofi e orrori.

Successivamente Ellis ha constatato che era possibile considerare tutte le convinzioni irrazionali come derivate da (o subordinate a) tre doverizzazioni di base:

- doverizzazioni su se stessi ("Io **devo** agire bene ed essere approvato da tutte le persone per me significative, altrimenti sono completamente un incapace e ciò è terribile");

- doverizzazioni sugli altri ("Gli altri **devono** trattarmi bene e agire come io penso che debbano assolutamente agire, altrimenti sono delle carogne, dei mascalzoni e meritano di pagarla");
- doverizzazioni sulle condizioni di vita ("Le cose che mi succedono **devono** essere proprio come io pretendo che siano e tutto deve essere facile e gradevole, altrimenti la vita è insopportabile").

Da queste principali convinzioni irrazionali doverizzanti possono scaturire altre categorie di pensieri irrazionali (dette appunto derivative), che sono:

- Pensiero catastrofico. Consiste nell'esagerare oltremodo l'aspetto spiacevole o doloroso di certi eventi. Tipici esempi sono: "Se sbagliassi o prendessi un brutto voto sarebbe terribile" "É orribile essere criticati".
- Intolleranza, insopportabilità. Si tratta di pensieri che denotano una bassa tolleranza alla frustrazione. Consistono nel ritenere che certi eventi obiettivamente spiacevoli non possono essere sopportati, ad esempio: "Non posso sopportare di fare quello che non mi piace"; "É insopportabile avere così tanti compiti da fare"; "Non posso tollerare di essere preso in giro".
- Svalutazione globale di sé o degli altri. Consiste nel ritenere che poiché non si è riusciti bene in qualcosa, allora siamo un fallimento totale. Oppure la svalutazione globale può essere rivolta agli altri, ritenendo che poiché uno o più aspetti del comportamento di una persona sono negativi, allora l'intera persona è negativa. Esempi di entrambi i tipi di svalutazione globale potrebbero essere: "Sono così stupido e incompetente"; "Sono un elemento senza speranza"; "É una vera carogna"; "La mia insegnante è completamente pazza".
- Indispensabilità, bisogni assoluti. È un modo di pensare che ci porta erroneamente a considerare indispensabile ciò che è desiderabile, auspicabile, utile, ma di cui possiamo anche fare a meno, pur con qualche inconveniente. Con questa forma di pensiero trasformiamo certi eventi, certe persone o certi oggetti in un *sine qua non* per la nostra felicità. É come se dicessimo "Posso essere felice solo se avrò questo", ma così facendo ci costruiamo la nostra stessa infelicità. In molti casi ciò che consideriamo indispensabile sono l'approvazione, la stima, l'affetto, l'amicizia. Ad esempio: "È indispensabile essere apprezzato da tutti i miei amici"; "Non potrei andare avanti se non avessi l'affetto di certe persone"; "É

indispensabile che i miei insegnanti riconoscano e apprezzino il lavoro fatto".

Esercizi sulla modifica delle idee irrazionali

Esercizio 1: I partecipanti si dividono in due gruppi. Ogni gruppo fa un elenco di falsi miti o luoghi comuni in ambito sociale (per esempio: "Moglie e buoi dei paesi tuoi"), l'altro gruppo in ambito famigliare ("Come ti ho fatto, ti distruggo"). In seguito vengono discussi insieme pensieri disfunzionali, ciò che la cultura definisce "preconcetti" (pregiudizi o falsi miti). Il gruppo cerca di capire come questi pensieri, divenuti automatismi, si strutturano come elementi stabili del sistema di convinzione senza che vengano mai messi in discussione. Tramite il confronto tra i partecipanti si cerca di capire come essi impediscono di avere un comportamento assertivo.

Esercizio 2: Ogni membro del gruppo prepari una lista/tabella dei pensieri irrazionali che generano in loro malessere (colonna a sinistra) e in un'altra (colonna a destra) indichi i modi alternativi di pensare. In questa maniera si potrà confrontare due stili di pensiero, aprendosi ai nuovi modi di vedere e valutare la stessa realtà. In seguito sarebbe utile confrontarsi in gruppo.

Esempio:

Pensieri dannosi	Pensieri alternativi utili
Devo riuscire in ogni cosa che faccio.	Mi piacerebbe raggiungere la perfezione, ma ciò è impossibile. Posso considerarmi fiero di me stesso quando mi impegno in ciò che faccio.
Le cose devono andare sempre come voglio io.	È normale che le cose ogni tanto vadano in modo diverso da come vorrei. Nessuno è tanto potente da influenzare ogni cosa.
Devo piacere a tutti.	Sarebbe bello piacere a ogni persona che si incontra, ma non è possibile dominare gli affetti degli altri.
Ci sono cose che sono veramente insopportabili.	A volte mi succedono cose che vorrei evitare, ma non sono poi così

	insopportabili.
Devo vendicarmi di coloro che mi fanno dei torti perché sono persone cattive.	Se qualcuno ha agito male nei miei confronti, non significa necessariamente che sia cattivo. I suoi comportamenti possono cambiare.
Sbagliare è indice di stupidità.	È impossibile non commettere errori. Anzi, è dai nostri sbagli che noi apprendiamo.
Non posso permettermi di commettere errori e fare brutte figure. Sarebbe un vero disastro.	Ciascuno si sforza di fare bene, ma può capitare di non riuscire. Dispiace, ma non c'è nulla di orribile. Solo chi non fa mai niente, non sbaglia.
Non posso fare a meno delle cose che mi piacciono.	Posso vivere bene anche rinunciando a qualcosa che mi piace.

Esercizio 3: I partecipanti si dividono in coppie e ognuno dei partecipanti cerca di individuare il pensiero che desidera discutere con il compagno/a ponendosi le seguenti domande:

- Quale pensiero che non mi è di aiuto voglio contrastare?
- Quali prove esistono della verità di questo pensiero?
- Quali prove esistono sulla falsità di questo pensiero?
- È un pensiero realistico o esagerato?
- Quali sembrano le cose peggiori che potrebbero effettivamente capitarmi se gli eventi andassero nel modo peggiore in cui ho paura che vadano?

In seguito, insieme con il/la compagno/a si decide una modalità per la gestione del pensiero e del comportamento: individuare pensieri alternativi nella situazione. Si cerca di trovare un pensiero che aiuti e che possa sostituire il pensiero dannoso.

Esercizio 4: Tra i membri del gruppo si distribuisce un elenco di pensieri dannosi e si chiede di individuare quello che a ciascuno capita di avere più spesso. Si dovrà dire in quale situazione si manifesta e quali emozioni si provano in questa circostanza. Poi si discute sul perché alcuni pensieri siano dannosi in termini di doverizzazione, catastrofizzazione, intolleranza/insopportabilità, indispensabilità e giudizio totale. Il conduttore del gruppo riassume i pensieri e cerca di indicare le strategie più utili per contrastare le idee irrazionali.

Esercizio 5: Ogni membro del gruppo cerca di osservare per qualche giorno i propri comportamenti, allenandosi ai pensieri utili, annotando[55]:

Il pensiero che voglio affrontare

……………………………………………………………………………………………

…………....

……………………………………………………………………………………………

……………

Il pensiero utile che vorrei adoperare

……………………………………………………………………………………………

…………....

……………………………………………………………………………………………

……………

Ogni volta che userà il pensiero utile, compilerà la seguente tabella.

Il livello di successo corrisponde al grado in cui sia riuscito a controllare l'emozione spiacevole in quella data situazione.

Il livello di successo può essere valutato secondo i seguenti criteri:

0 = Mi sono sentito lo stesso molto male

1 = Mi sono sentito ancora un po' male

2 = Mi sono sentito meglio

3 = Sono riuscito a sentirmi abbastanza bene

In seguito segni la data, si descriva brevemente la situazione (con chi eri, dove eri, cosa facevi) e si annoti il livello di successo, come ad esempio:

Data	Situazione (con chi eri, dove eri, cosa facevi)	Livello di successo

[55] Adattamento da: DI PIETRO M., *L'educazione razionale-emotiva. Per la prevenzione e il superamento del disagio psicologico dei bambini*, Erickson, Trento 2016.

Lo scopo dell'esercizio è quello di rendere il protagonista consapevole della ricorrenza dei pensieri irrazionali e della qualità del proprio lavoro interiore per contrastarli.

9° Percorso: conoscenza dei diritti assertivi

Obiettivi del training

- Conoscere dei diritti assertivi per poterli affermare nelle relazioni interpersonali

Il conduttore introduce il tema descrivendo i diritti assertivi

Il presupposto del comportamento assertivo è quello di saper riconoscere i propri diritti senza ledere i diritti degli altri. I diritti assertivi comprendono il rispetto di se stessi, dei propri sentimenti, delle proprie esigenze e delle proprie convinzioni. Riconoscerli e rispettarli in se stessi significa anche mettersi nelle condizioni di riconoscerli e rispettarli negli altri. Possiamo considerare i diritti assertivi come una cornice di riferimento, un insieme di linee guida che indicano regole e ambiti di autonomia e di reciprocità sociale, uno strumento in base al quale valutare la qualità della relazione che instauriamo con l'altro. Essa è assertiva quando tali diritti vengono rispettati, mentre è passiva o aggressiva quando tali diritti vengono violati.

Facciamo un esempio: se chiedo l'auto in prestito a un amico e lui rifiuta, posso forse starci male, ma non posso dire che l'altro è stato aggressivo, né che io sia stato sfrontato. Posto che ognuno di noi abbia avuto un comportamento verbale e non verbale rispettoso, io ho esercitato il mio diritto di chiedere (non di pretendere) e lui il suo diritto di rispondere e dire anche di no.

Così come non ci sono diritti senza doveri, non si può parlare di diritti senza tenere conto delle responsabilità. Quando si sceglie di esercitare uno dei propri diritti, bisogna prendersi la responsabilità delle conseguenze che tale decisione determina.

Abbiamo il diritto di chiedere ciò che desideriamo, ma abbiamo la responsabilità di accettare le conseguenze se qualcuno dice di sì o di no. Allo stesso modo se diciamo no a una richiesta, sarà nostra responsabilità accettare quanto ciò inciderà nella nostra relazione con quella persona.

Esercizi sull'espressione dei sentimenti positivi

Esercizio 1: Seguendo le nozioni della tabella sottostante, ogni partecipante cerca di riportare qualche esempio dalla vita personale. Segue la discussione in gruppo.

Ognuno ha il diritto di	**Di conseguenza la propria responsabilità sarà**
Difendere i propri diritti	Rispettare i diritti degli altri
Esprimere liberamente il proprio pensiero	Tenere conto e rispettare il pensiero dell'altro, anche se ciò non significa necessariamente condividerne il contenuto
Dire di "no"	Accettare ogni conseguenza che il proprio rifiuto comporta
Chiedere	Accettare un'eventuale risposta negativa
Commettere errori	Riconoscere i propri errori, assumendosene la responsabilità e traendo un insegnamento da essi
Cambiare la propria opinione	Manifestare la propria opinione sostenendola con argomentazioni oggettive e sensate

Esercizio 2: Leggere insieme in gruppo l'elenco dei diritti dell'assertività ovvero carta dei diritti della persona. Segue la discussione sul tema: Quale di questi diritti consideri il più importante e perché?

Diritti dell'assertività ovvero carta dei diritti della persona[56]

1. Ho il diritto di chiedere ciò che voglio.
2. Ho il diritto di dire di no a richieste e domande che non posso esaudire.

[56] https://perennementesloggata.wordpress.com/2009/11/30/diritti-dellassertivita-ovvero-carta-dei-diritti-della-persona/

3. Ho il diritto di esprimere tutte le mie emozioni, positive o negative.
4. Ho il diritto di cambiare idea.
5. Ho il diritto di sbagliare e non devo essere perfetto, diritto di imparare dai propri errori (apprendimento per tentativi ed errori).
6. Ho il diritto di perseguire i miei valori e ciò in cui credo.
7. Ho il diritto di non essere responsabile per azioni, sentimenti o comportamenti degli altri.
8. Ho il diritto di aspettarmi onestà da parte degli altri.
9. Ho il diritto di adirarmi con le persone che amo.
10. Ho il diritto di essere me stesso e di essere unico/diverso.
11. Ho il diritto di dire "non lo so" (sapere di non sapere).
12. Ho il diritto di non dovermi scusare e giustificare per il mio comportamento adducendo ragioni o scuse (rispetto di sé).
13. Ho il diritto di avere il mio tempo e i miei spazi personali.
14. Ho il diritto di essere allegro.
15. Ho il diritto di cambiare e di crescere.
16. Ho il diritto di essere trattato con dignità e rispetto.
17. Ho il diritto di essere felice.
18. Ho il diritto di dire "non mi interessa" quando gli altri mi vogliono coinvolgere nelle loro iniziative. Chi è portato ad assecondare gli interessi degli altri dimenticando sé, vede con il tempo sbiadire la sua personalità (libertà di scelta).
19. Ho il diritto di giudicare da me il mio comportamento e assumermi le responsabilità delle conseguenze (autonomia di giudizio).
20. Ho il diritto di decidere se occuparmi dei problemi altrui, evitare di assumermi responsabilità al posto di quelli che si rifiutano di prendersele (giustizia distributiva).
21. Ho il diritto di non farmi coinvolgere dalla benevolenza che gli altri mi mostrano quando mi offrono o chiedono qualcosa (autonomia emotiva).
22. Ho il diritto di essere illogico nelle mie scelte (spontaneità e fantasia).
23. Ho il diritto di dire non capisco a chi non dice chiaramente cosa si aspetta da me (autonomia nei punti di vista).

10° Percorso: sviluppo di autostima

Obiettivo del training

- Sviluppare un comportamento assertivo e migliorare il senso di autostima
- Sviluppare la capacità di gestire gli insuccessi

Il conduttore introduce il tema descrivendo i diritti assertivi

L'autostima è l'insieme dei giudizi valutativi che l'individuo dà di se stesso. Si sviluppa sulla base del rapporto tra come ci vediamo (autovalutazione), come ci vedono gli altri e come vorremmo essere (il nostro ideale)[57]. Avere una buona autostima vuol dire avere una visione realistica di sé e delle proprie caratteristiche (qualità e difetti), non valutarsi troppo negativamente per quanto riguarda i difetti, né troppo positivamente per quanto riguarda i pregi.

Una bassa autostima provoca insicurezza, senso d'inadeguatezza e incapacità, scarsa attenzione ai propri bisogni, eccessivo timore di sbagliare, incertezza nel prendere decisioni e difficoltà a risolvere problemi, si sta male con se stessi e quindi anche con gli altri. Bassa autostima spesso coincide con il comportamento anassertivo. Una buona autostima incoraggia un comportamento assertivo e una

[57] Il processo di formazione di autostima comincia in età evolutiva. L'autostima varia a seconda delle esperienze, specie infantili, e dipende da stimoli e risposte che provengono dall'ambiente circostante e in modo particolare dai genitori. Nei primi anni di vita i genitori e soprattutto la madre, hanno un ruolo fondamentale in questo processo. Attorno ai 5 anni il controllo su se stessi e la valutazione del proprio comportamento si trasferisce all'interno. L'autostima si basa prevalentemente sugli aspetti esteriori (per esempio: l'aspetto fisico) e sulle conferme che provengono da figure di riferimento. A partire dai 10 anni diventa importante l'opinione degli altri, ma è nell'adolescenza che gli adolescenti hanno un ruolo fondamentale nell'autostima. Avere successo tra gli amici/compagni di scuola è fondamentale per apprezzarsi. Per lo sviluppo dell'autostima in questo periodo è importante far parte di un gruppo. I ragazzi brillanti, che però non si sentono accettati dal gruppo, possono sviluppare il senso di inadeguatezza e bassa autostima. Vivono con un forte senso di inferiorità rispetto agli altri, sono solitari e reagiscono male alle critiche e alle pressioni sociali. Al contrario, i ragazzi accettati dal gruppo sviluppano alta autostima, sono proattivi, hanno maggiore fiducia nelle proprie capacità e volentieri partecipano alla vita sociale. Le condizioni che stimolano lo sviluppo di autostima includono: consapevolezza del proprio valore, delle proprie capacità e potenzialità; celebrazione dei propri successi; accettazione dei propri limiti, della propria debolezza e inadeguatezza; fiducia nel saper affrontare e risolvere i problemi e "essere pronti a rischiare e mettesi in gioco".

relazione improntata alla condivisione, alla collaborazione, alla fiducia, alla soluzione dei problemi.

Esercizi sullo sviluppo dell'autostima

I primi quattro esercizi sono individuali (possono essere fatti a casa, prima dell'incontro di gruppo durante il quale si discute il concetto di autostima) e mirano ad aumentare la consapevolezza del proprio grado di autostima.

Esercizio 1:

Parte A dell'esercizio: Davanti allo specchio la persona guarda attentamente il proprio volto in ogni particolare. Pone a se stessa delle domande alle quali risponde dopo un'attenta riflessione: Ti piace questo che vedi? Cosa ti piace in particolare? Cosa non ti piace in particolare? Cosa piace agli altri del tuo viso? Cosa non piace agli altri del tuo viso?

Parte B dell'esercizio: Davanti allo specchio ognuno esprimere in prima persona l'apprezzamento. Esempio: "Che bel colore di capelli!"; "La tua pelle è molto luminosa!"; ecc. In seguito ci si pone domande: Come mi faceva sentire questo apprezzamento? Mi sento rilassato o teso mentre lo dico?

Esercizio 2: Ogni partecipante risponde alle domande.

L'ultima volta che mi sono sentito stimato è stato quando

....

....

Persone che mi fanno sentire a mio agio sono

....

....

perché...

....

Dimostro che sono felice quando (descrivere brevemente)

....

....

Le cose che mi fanno sentire bene con me stesso sono

1. ...
2. ...
3. ...

Le cose che posso fare per raggiungere questo obiettivo

1. ...
2. ...
3. ...

Esercizio 3: Ogni partecipante scrive in un foglio cinque pregi che si riconosce. Il conduttore del gruppo legge ad alta voce ogni foglio senza dire il nome di chi l'ha scritto. Il gruppo cerca di indovinare di quale persona si tratti.

Esercizio 4: Ognuno dei partecipanti elenca cinque qualità non possedute, ma desiderate e, successivamente, sceglie tra queste quali vorrebbe potenziare, indicandone la priorità con il numero messo a fianco.

La sessione si conclude con l'intervento del conduttore che riassume concetti basilari di autostima, adeguando l'esposizione alle esigenze del gruppo al risultato degli esercizi.

Conclusione

Il *burnout* non è solo una conseguenza dello stress, ma la sua causa profonda è piuttosto la mancanza di un senso e di un significato delle cose che si fanno e si vivono. Non va quindi sottovalutata l'importanza dell'orizzonte più ampio cui appartengono significati e valori morali. Questo assunto ha in sé elementi di provocazione etica importanti per tutti i soggetti protagonisti della relazione: prendersi cura dell'altro presuppone un "dovere" di prendersi cura di sé e dell'ambiente in cui la relazione di aiuto si sviluppa. E questo perché uno dei principi base dell'etica della cura, "il far del bene all'altro", può essere vissuto - senza rischiare il *burnout* - solo a partire da un proprio equilibrio.

In concreto, gli studi più autorevoli propongono quattro obiettivi da perseguire: diminuire la componente idealistica rispetto al proprio lavoro, riconducendo le aspettative alla realtà; evidenziare i valori positivi della professione; coltivare interessi al di fuori dell'ambiente lavorativo per poter allargare le proprie esperienze; lavorare in cooperazione con altre persone per condividere la fatica e la gioia della stessa professione con le persone affettivamente significative. Ciò naturalmente non toglie l'impegno a prevenire il fenomeno anche a livello sociale, sul piano dell'organizzazione del lavoro, generando così effetti positivi anche sul rendimento finale.

L'impegno di "volersi bene" di rispettare i propri ritmi e i propri tempi, non danneggiando i diritti altrui, può tradursi in un esercizio costante e consapevole di assertività. Questa capacità di "prendersi cura di se stessi" non deve essere vista come l'espressione del proprio egoismo, vissuta con senso di colpa e rimorso, ma considerata un antidoto efficace contro l'esaurimento energetico totale, una possibilità di conoscersi meglio e un'ulteriore occasione di crescita.

Bibliografia

AA. VV., *L'operatore cortocircuito*, CLUP, Milano 1987.

BANDOLATO G., *Le donne nelle professioni d'aiuto. Una ricerca sul burnout femminile*, Borla, Roma 1993.

BERNSTEIN G.S., HALASZYN J.A., *Io, Operatore Sociale. Come vincere il Burnout e rendere gratificante il mio lavoro*, Erickson, Trento 1993.

BURISCH M., *Das Burnout-Syndrom. Theorie der inneren Erschöpfung*, Springer-Verlag, Berlin-Heidelberg 2010.

CHERNISS C., *La sindrome del burn-out. Lo stress lavorativo degli operatori dei servizi sociosanitari*. Centro Scientifico Torinese, Torino 1983.

CHERNISS C., *Staff Burnout: job stress in the Human service*, Sage, Beverly Hills 1980.

DI PIETRO M., *L'educazione razionale-emotiva. Per la prevenzione e il superamento del disagio psicologico dei bambini*, Erickson, Trento 2016.

EDELWICH J., BRODSKY A., *Burn-out: Stages of disillusionment in the helping professions*, Human Sciences Pres, New York 1980.

ELLIS A., *Reason and Emotion in Psychotherapy,* Lyle Stuart, New York 1962.

FREUDENBERGER H.J., *Staff burn-out*, in "Journal of Social Issues" 30 (1) 1974, pp. 159-165.

GIUSTI E., TESTI A., *L'assertività. Vincere quasi sempre con le 3 A*, Sovera Edizioni, Roma 2006.

HARRISON W. D., *A social competence model of burnout*, in FARBER B.A. (Ed.), *Stress and burnout in the human services professions*, Pergamon, New York 1983, pp. 29-39.

HARRISON W. D., *Role strain and burnout in protective service workers*, in "Social Service Review" 54 (1) 1980, pp. 31-44.

HOBFOLL S. E., LILLY R. S., JACKSON A. P., *Conservation of social resources and the self*, in VEIEL H.O.F., BAUMANN U. (eds.), *The Meaning and Measurement of Social Support*, Hemisphere, Washington 1992, pp. 125-142.

HOBFOLL S.E., *Conservation of Resources: A New Attempt at Conceptualizing Stress*, in "American Psychologist" 44 (3) 1989, pp. 513-524.

HOBFOLL S.E., FREEDY J., *Conservation of resources A general stress theory applied to burnout*, in SCHAUFELI W.B., MASLACH C., MAREK T. (eds.), *Professional burnout: Recent developments in theory and research*, Taylor & Francis, Washington 1993, pp. 115-135.

KŘIVOHLAVÝ J., *Hořet, ale nevyhořet*, Karmelitánské nakladatelství, Kostelní Vydří 2012.

LEDERBERG M., *Psychological problems of staff and their management*, in HOLLAND J.C., ROWLAND J.C. (eds.), *Handbook of psychooncology*, Oxford University Press, New York 1989, pp. 631-646.

LEITER M. P., *Burnout as a developmental process: Consideration of models*, in SCHAUFELI W. B., MASLACH C., MAREK T. (eds.), *Professional burnout: Recent developments in theory and research,* Taylor & Francis, Washington 1993, pp. 237-250.

LEITER M.P., MASLACH C., *Preventing burnout and building engagement*. Jossey-Bass, San Francisco 2000 (tr. it.: *OCS Organizational Checkup System. Come prevenire il burnout e costruire l'impegno*, Giunti O.S. Organizzazioni Speciali, Firenze 2005).

LIBERMAN R.P., KING L.W., DE RISI W.J., MCCANN M., *Personal effectiveness: Guiding people to assert themselves and improve their social skills*, Research Press, Champaign 1975.

MASLACH C., *Burn out*, in "Human Behavior" 9 (5) 1976, pp. 16-22.

MASLACH C., *Detached concern. In health and social service professions*, Convegno annuale della American Psychological Association (APA), Montreal 1973.

MASLACH C., JACKSON S. E., *Burnout in health professions: A social psychological analysis*, in SANDERS G., SULS J. (eds.), *Social psychology of health and illness*, Erlbaum, Hillsdale 1982, pp. 227-251.

MASLACH C., JACKSON S.E., *MBI: Maslach Burnout Inventory*. Consulting Psychologists Press, Palo Alto 1986.

MASLACH C., *La sindrome del burnout il prezzo dell'aiuto agli altri*, Cittadella Editrice, Assisi 1992.

MASLACH C., LEITER M. P., *The Truth about Burnout How Organizations Cause Personal Stress and What to do about It*, Jossey-Bass, San Francisco 1997.

MASLACH C., SCHAUFELI W.B., LEITER M.P., *Job burnout,* in "Annual Review of Psychology", 52, 2001, pp. 397-422.

MASLACH C., *The client role in staff burn-out*, in "Journal of Social Issues", 34 (4) 1978, pp. 111-124.

MENZIES I., *The function of social system as a defence against anxiety*, Tavistock Institute, London 1970.

MOSHER L.R., BURTI L., *Psychiatria territoriale*, Fetrinelli Editore, Milano 1991.

ORLOWSKI J.P., GULLEDGE A.D., *Critical care stress and burnout*, in "Journal of Critical Care Clinic", 2 (1) 1986, pp. 173-181.

PINES A. M., ARONSON E., KAFRY D., *Burnout: From Tedium to Personal Growth*, The Free Press, New York 1981.

PINES A., ARONSON E., *Career Burnout. Causes and Cures*, The Free Press, New York 1988.

POTERZIO F., MAZZZARIOL M., *Il burnout e le nevrosi noogene*, in "Rivista Sperimentale di Freniatria", 121, 1997, pp. 600-642.

ROSENBERG M.B., *Le parole sono finestre (oppure muri). Introduzione alla comunicazione nonviolenta*, Esserci Edizioni, Reggio Emilia 2017.

SANDRIN L., *Aiutare gli altri. La psicologia del buon samaritano*, Paoline, Milano 2013.

SANDRIN L., *Aver cura del malato*, Edizioni Camilliane, Torino 2011.

SANTILLO M., *LBQ: Link burnout questionnaire: manuale*, Giunti O.S., Organizzazioni speciali, Firenze 2007.

SARROS J.C. DENSTEN I.L., *Undergraduate student stress and coping strategies*, in "Higher Education Research and Development", 8 (1) 1989, pp. 47–57.

SCHAUFELI W. B., LEITER M. P., MASLACH C., JACKSON S. E., *Maslach Burnout Inventory-General Survey (MBI-GS)*, in. MASLACH C., JACKSON S. E., LEITER M. P., *MBI Manual* (3d ed.). Consulting Psychologist Press, Palo Alto 1996, pp. 19-26.

SCHAUFELI W. B., MASLACH C., MAREK T., (eds.), *Professional Burnout Recent Developments in Theory and Research*, Taylor & Francis, Washington DC 1993.

SELIGMAN M.E.P., *Imparare l'ottimismo. Come cambiare la vita cambiando il pensiero,* Giunti Editore, Firenze 1996.

SELIGMAN M.E.P., *Learned helplessness*, in "Annual Review of Medicine", 23 (1) 1972, pp. 407-412.

Recensione scientifica / slovenskí recenzenti:

Doc. PhDr. Mária Šmidová, PhD. - Teologická fakulta Trnavskej univerzity v Trnave (Bratislava, Slovacchia)

MSc. Mária Nemčíková, PhD. - Teologická fakulta Trnavskej univerzity v Trnave (Bratislava, Slovacchia)

Pagine 96 - Cartelle editoriali standard da 1800 battute (spazi inclusi) 102,65

(na Slovensku počet autorských hárkov: 5,13 AH)

Printed by Books on Demand GmbH, Norderstedt / Germany